Lucciole
4

LAURENT
DE SUTTER

METAFÍSICA
DA PUTA

Laurent de Sutter
Metafísica da puta
Título original
Métaphysique de la putain

Tradução
Lucas Neves
Preparação
Pedro Fonseca
Revisão
Andrea Stahel
Silvia Massimini Felix
Imagem da capa
Michael Seif, *Figures in the water*
Projeto gráfico
OAZA / Maša Poljanec
Logo Lucciole
Neva Zidić

Direção editorial
Pedro Fonseca
Coordenação editorial
Sofia Mariutti
Coordenação
de comunicação
Amabile Barel
Direção de arte
Daniella Domingues
Designer assistente
Gabriela Forjaz
Conselho editorial
Simone Cristoforetti
Zuane Fabbris
Lucas Mendes

© 2014, Laurent de Sutter
© Editora Âyiné, 2024
30170-140 Praça Carlos Chagas
Belo Horizonte
ayine.com.br
info@ayine.com.br

Isbn 978-65-5998-142-7

METAFÍSICA DA PUTA

11	01 Retrato do artista como puta
31	02 A prostituição é um esporte de combate
51	03 James Joyce no bordel
69	04 Autobiografia de um cliente
87	05 Manifesto peripatético
107	Coda
110	Agradecimentos

Para Serge Koster

§ 0
Bukowski em Hamburgo

Foi na primavera de 1978. Charles Bukowski tinha sido convidado para uma turnê de leituras na França e na Alemanha, na qual os pontos altos deveriam ser uma participação no programa francês de literatura *Apostrophes* e uma grande noite mundana em Hamburgo. Mas ninguém contava com sua liberdade extravagante de homem para quem as palavras «obrigação» e «ponderação» pareciam tão abstratas quanto «anjo» ou «paraíso». Em Paris, ele causou furor ao levar o título do programa de TV ao pé da letra, apostrofando, no estúdio, os outros convidados quando proferiam alguma imbecilidade. Já em Hamburgo, sua leitura diante de quase mil pessoas foi interrompida ainda no início por um jovem exaltado que dizia, aos berros, o quanto o odiava e desejava matá-lo. Bukowski se limitou a tomar um gole de vinho direto da garrafa que estava sobre a mesa e seguiu em frente, como se o jovem não existisse: não queria que um segurança levasse o rapaz e fizesse mal a ele. Algumas horas antes, o escritor, sua companheira Linda Lee e o fotógrafo Michael Monfort, que fez a cobertura completa da viagem, haviam sido recebidos na estação de Hamburgo pelos organizadores do evento. De dentro do carro que o levava ao hotel, ele tinha notado a presença das putas da cidade: «E sob a chuva esperavam as putas de Hamburgo, apoiadas nos para-choques dos carros. Olá, meninas! Opa, olhe ali mais uma...».[1] Ele não foi visitá-las mas, em uma pausa dos compromissos, redigiu um breve poema que era como uma lembrança do espetáculo a que assistira durante esse trajeto. Tratava-se de um poema em prosa, meio

---

[1] Charles Bukowski, *Shakespeare n'a jamais fait ça* (1979). Trad. fr. P. Carrer e A. Thiltges. Paris: 13e Note, 2011, p. 92.

descontraído, que começava com uma invocação enigmática aos «cães sarnentos de Akron» e terminava com uma nota elegíaca: «Mas as putas de Hamburgo/ estavam belas/ naquele dia».[2] Não era a primeira vez que Bukowski escrevia um texto sobre as putas: vários dos contos do *Fabulário geral do delírio cotidiano*, por exemplo, eram dedicados a elas. Mas o que o distinguia era a estranha transfiguração ali operada pelo autor, e que fazia das prostitutas avistadas sob a chuva algo como «seres eternos».[3] Para Bukowski, as putas eram sempre um pouco mais que putas – ou melhor, porque eram putas, elas eram mais do que os outros seres humanos. Representavam uma espécie de ideal inacessível com o qual os «cães sarnentos de Akron» podiam apenas sonhar: detentoras de um segredo que os homens teriam perdido e que, desde então, não teriam cessado de buscar. Ele não dizia muito mais do que isso – porém, enquanto as putas desapareciam na distância, talvez tenha pensado que esse segredo se parecia com uma palavra um pouco sem valor, um pouco velha: a palavra *verdade*.

---

2 Ibid., pp. 215 ss.
3 Ibid., p. 215. Sobre todo esse episódio, ver também Howard Sounes, *Charles Bukowski. vida e loucuras de um velho safado*. Trad. Tatiana Antunes. São Paulo: Veneta, 2016.

01
Retrato do artista como puta

§ 1
Da verdade como obsessão

A verdade foi a grande obsessão de Jean-Luc Godard. Era uma obsessão maníaca, que, embora em metamorfose contínua, nunca deixou de impregnar suas imagens e declarações. Conhecemos diversos momentos dessa metamorfose – momentos cristalizados em fórmulas ostentando o status ambíguo de teoremas. «O cinema é a verdade 24 vezes por segundo»; «Não é uma imagem justa, é justo uma imagem»; «A moral é uma questão de travellings», e por aí vai. Como a maior parte desses teoremas era emprestada, achou-se vez por outra que eles não constituíam mais do que uma série incoerente e intempestiva de colagens. No entanto, em seus filmes havia guias que permitiam, a quem desejasse, traçar as linhas que ligam os diferentes pontos formados pelos *foguetes*[4] de Godard. Guias que se apresentavam eles mesmos sob disfarces sempre diferentes – mas que, de *Une femme coquette* [Uma mulher faceira], de 1955, a *Elogio do amor*, de 2001, atravessaram a tela com insistência impecável. Esses guias eram as putas. No cinema de Godard, as putas eram o rosto da verdade: eram a carne em que se entranhava sua obsessão por elas – ou seja, sua obsessão pelo próprio cinema. Um dos traços mais singulares da doutrina da verdade defendida por Godard era o de que só há verdade se existir um *medium* para mostrá-la ou exprimi-la. Fora de uma prática artística devotada a ela como a um sacerdócio, a verdade não existe: sua ecologia é sempre outra – a ecologia da prática que, como o cinema, lhe dá o sabor. Com efeito, mais do que a literatura ou a pintura,

---

4 *Fusées* é o título do famoso texto baudelairiano, parte dos *Diários íntimos*, e que pode ser traduzido como «foguetes». Além disso, pouco depois da estreia de *O demônio das onze horas* nos cinemas franceses, em 1965, Godard disse que «um filme é como um foguete de vários andares». (N. T.)

ainda que com a contribuição das duas, o cinema era para Godard o *medium* privilegiado da verdade: *a verdade tem estrutura de filme*. Por isso, as putas, cujas errâncias sublimes, palavras evanescentes e trabalho rigoroso o haviam fascinado desde a mais tenra idade, interpretavam em seus filmes o papel da verdade.[5] Passando de uma imagem a outra, elas garantiam sua transmissão, assim como garantiam a real existência do filme – e de fato, no entendimento de Godard, tratava-se da mesma coisa. Elas eram os personagens conceituais da metafísica godardiana do cinema, essa mistura filosófico-estética singular que se propunha a encontrar a ligação entre o Verdadeiro e o Belo que Platão falhara em estabelecer. Parece que, de tempos em tempos, elas eram também algo mais: assim como haviam sido as parceiras fugazes do jovem que ele um dia fora, acontecia de serem, mais tarde, as companheiras da celebridade que ele se tornara. Mas isso tem pouca importância. Como o próprio Godard disse um dia, o sexo, no fim das contas, nada mais é do que uma forma suplementar de cinema – tanto do seu como dos outros.

§ 2
Um momento de sonho

Quando Godard filmou *Une femme coquette*, ele tinha apenas 25 anos. Foi seu segundo filme, depois de *Opération béton* [Operação concreto], um documentário sobre a construção da barragem Grande-Dixence que ele havia dirigido no ano anterior e do qual reciclará alguns elementos em sua primeira ficção (por exemplo, a música de Bach).[6]

---

5 Cf. Antoine de Baecque, *Godard. Biographie*. Paris: Grasset, 2010, pp. 43, 342, 582, 611.

6 Ibid., p. 74.

A história foi inspirada em um conto de Maupassant intitulado «O sinal», que o escritor havia publicado no jornal *Gil Blas* exatamente um século antes de Godard tirar dali seu roteiro, e que quase não tivera reedição desde então.[7] O conto narrava as desventuras de uma jovem bem-nascida que se gabava de imitar, por brincadeira, os gestos com que uma puta que morava no prédio da frente atraía seus clientes. Para sua infelicidade, o sucesso foi total: um homem logo respondeu a suas investidas e começou a subir as escadas que davam em seu apartamento. Para se livrar do inoportuno, que seu marido, prestes a chegar, poderia flagrar, ela se viu forçada a passar às vias de fato e embolsar a valiosa moeda deixada por ele. No conto de Maupassant, a mulher então corria até a casa de uma amiga para contar sua história e pedir um conselho – pois o «cliente», muito satisfeito com o serviço, tinha manifestado o desejo de voltar. Godard preferiu recorrer à voz em off: uma carta para a amiga, carta que a *femme coquette*, a mulher faceira, lia ao mesmo tempo que a escrevia, e da qual o filme mostra as imagens correspondentes. À maneira do próprio diretor, que na época, em Genebra, batia ponto no salão de chá Parador ou no cabaré Le Moulin à Poivre acompanhado de um bando de Jovens Turcos,[8] tratava-se de um filme precioso e cruel.[9] Mas também era uma espécie de quebra-cabeça cujo significado,

---

7 Cf. Guy de Maupassant, «Le signe», in *Contes et nouvelles*. Org. L. Forestier. Paris: Gallimard, 2008, t. I. Sobre as putas na obra de Maupassant, ver Noëlle Benhamou, *Filles, prostituées et courtisanes dans l'oeuvre de Maupassant*. Villeneuve-d'Ascq: Presses Univ. du Septentrion, 1992, passim.

8 Jovens Turcos era a denominação do grupo de críticos de cinema (e, mais tarde, cineastas) que assumiu o controle da célebre revista *Cahiers du Cinéma* em meados dos anos 1950 e publicou ataques contundentes à produção francesa da época, tachada de burguesa e conformista. Além de Godard, compunham a trupe informal François Truffaut, Claude Chabrol e Eric Rohmer, entre outros. (N. T.)

9 Cf. Baecque, Godard, op. cit., p. 43.

estilhaçado em uma infinidade de pistas, sugeria a existência de uma primeira versão, ainda hesitante, da metafísica godardiana da verdade. Entre essas pistas, talvez a mais determinante fosse o papel que Godard desempenhava: deixando ao amigo Roland Tolmatchoff, sedutor nato, o personagem do cliente da *femme coquette*, ele tinha guardado para si o de michê da puta de verdade.[10] Nós o vemos passar diante da janela dela, fitar seus meneios, hesitar por um momento em responder, e por fim se enfurnar com sofreguidão no prédio onde ela reside. Enquanto a mentira estava do lado da *coquette*, a verdade estava do lado da puta: verdade de seu ofício; verdade da transa paga; e verdade dos *signos* que ela endereçava aos transeuntes. Foi para essa verdade dos signos que Godard, atuando em seu próprio filme, escolheu se voltar – porque era ela que habitava seu desejo de cinema. O cinema é a arte dos signos verdadeiros: é a arte da puta que interpela o michê pela janela que ela deixa entreaberta, trocando a existência cotidiana do cliente por um momento de sonho alinhado ao seu desejo.

§ 3
Introdução à cosmética do verdadeiro

A puta de *Une femme coquette* encarnava a forma inaugural do elo, trabalhado por Godard ao longo de toda a sua obra, entre arte e prostituição – isto é, entre arte e verdade. O estabelecimento desse laço, porém, não foi obra do realizador, mas de Baudelaire, que, em *Fusées* (1851), se perguntava «O que é a arte?», para responder em seguida: «Prostituição».[11] Para Baudelaire, o artista da vida

---

10 Ibid., p. 73.
11 Charles Baudelaire, *Oeuvres complètes*. Org. M. Ruff. Paris: Seuil, 1968, p.

moderna era aquele que estava disposto a aceitar a condição prostituída de sua prática e, por extensão, de seu ser – todo artista é uma puta. Mas esse traço específico da modernidade artística não deveria ser entendido como inerente à condição *sociológica* do artista, privado a partir dali de fortuna ou mecenato. O fato de o artista agora ter de escrever, pintar e compor *para ganhar dinheiro* era apenas um indício, para quem soubesse interpretar, de um problema muito mais grave: o da condição *metafísica* do artista. Este não era uma puta porque se vendia: ele *se vendia porque era uma puta* – punha sua arte a serviço dos ricos e poderosos, porque se tratava de uma arte prostituída em sua essência. Sobre essa essência prostituída da arte própria à modernidade, Baudelaire pouco falava; senão, talvez, que repousava sobre uma nova relação com a verdade, que havia perdido seu status de evidência. O artista da vida moderna era o artista da verdade não óbvia – da verdade vislumbrada entre bijuterias e maquiagens, bugigangas e o perfume das *cocottes*. Qualquer esperança de reconciliação com a verdade devia ser esquecida: a maquiagem, a máscara ou o truque haviam se tornado o lugar da verdade, o espaço de sua manifestação. *A modernidade é a cosmética do verdadeiro*. O próprio artista, preso entre as encomendas de quem o faz viver e seu desejo impossível de imortalidade, teve de renunciar às obras-primas suscetíveis de reivindicar a pura expressão da verdade. Foi para as crostas, o borrão e a caricatura que ele precisou recorrer para ainda poder reivindicar ter capturado os últimos resquícios da verdade – e produzir algum eco vago dela. Assim, para Baudelaire, o artista da vida moderna, como artista de pequenas formas, era o equivalente da

---

623. Sobre a «teologia da prostituição» que podemos encontrar em Baudelaire, ver Roberto Calasso, *A Folie Baudelaire*. Trad. Joana Angélica D'Avila Melo. São Paulo: Companhia das Letras, 2012.

prostituta que tenta vender desejo ao transeunte, desvendando a ele sua intimidade manipulada ou lhe estendendo seus lábios vermelhos. Ou melhor: os verdadeiros artistas eram as próprias putas, pois seu mundo era aquele feito de mentiras e de maquiagem, com o qual os outros artistas tinham de se confrontar para poder pretender o status que era seu. *A puta era o pintor da vida moderna*. Godard, que conhecia muito bem Baudelaire, e o citou em toda a sua obra, sabia bem disso.[12] Mas ele sabia também que a modernidade tinha acabado: o cinema era o *medium* de outro regime da verdade – um regime no qual, não importava o que se quisesse, o romantismo cadavérico de Baudelaire já não tinha lugar.

§ 4
Classicismo e lucidez

Por considerar o cinema a arte dos verdadeiros signos, signos que a prostituta de *Une femme coquette* encarnava, Godard não ignorava que poderia vir a ser acusado de *classicismo*. O classicismo foi a grande tentação da Nouvelle Vague, como evidenciado pela surpreendente teorização do clássico proposta pelos críticos do *Cahiers du cinéma* do qual Godard fez parte por algum tempo.[13] Quando Baudelaire, em «Alguns caricaturistas

---

12 Cf. Baecque, Godard, op. cit., pp. 94, 100, 655, 672, 677, 709, 723, 809.

13 Cf. Id., *Les Cahiers. Histoire d'une revue. À l'assaut du cinéma. 1951-1959*. Paris: Cahiers du cinéma, 1991, t. I, pp. 215 ss. Ver também Émilie Bickerton, *Brève histoire des Cahiers du cinéma* (2009). Trad. fr. M.-M. Burdeau. Paris: Les prairies ordinaires, 2012, pp. 35 ss. Essa teoria foi sobretudo obra de Éric Rohmer, cujo manifesto estético «Le celluloïd et le marbre» apareceu na primavera anterior à filmagem de *Une femme coquette*. Cf. Éric Rohmer, *Le celluloïd et le marbre, suivi d'un entretien inédit avec Noël Herpe e Philippe Fauvel*. Paris: Léo Scheer, 2010, passim; e Antoine de Baecque e Noël Herpe, *Éric Rohmer*. Paris: Stock, 2013.

estrangeiros», de 1857, elogiou as gravuras satíricas de Goya e as descreveu como as obras precursoras da modernidade a que estava ligado, ele as elegeu em virtude de sua oposição ao classicismo.[14] A seus olhos, Goya representava, como Daumier, Charlet ou Rops, uma forma já consumada de artista do excesso das aparências – ou seja, artista do excesso cosmético como revelador do verdadeiro.[15] No entanto, a Espanha em que Goya tinha trabalhado era ainda um país cuja cultura artística se via dividida entre uma forma barroca de classicismo e uma forma de modernismo, também barroca, ainda que nutrida pelo Iluminismo. Quando abordou as oitenta gravuras que se tornaram seus *Caprichos*, publicadas em 1799 em duas séries, o pintor acabara de sair de uma grave crise, física e psíquica, que o tirou de uma forma para apresentá-lo à outra. Pouco antes, o encontro com o círculo letrado de Leandro Fernandez de Moratin, Gaspar Melchor de Jovellanos ou Juan Melendez Valdés o iniciara nos ideais do Iluminismo, vindos da França com a dinastia Bourbon.[16] Mas, desses ideais, Goya reteve apenas uma crítica implacável do mundo que o cercava: o racionalismo do Iluminismo era, a seus olhos, uma arma de guerra que ele queria pôr a serviço do que lhe parecia a virtude suprema. Essa virtude era a da lucidez. Ao carregar em excesso a caricatura dos vícios próprios da Espanha de seu tempo, ele queria, de modo confuso e desesperado, fazê-los *ver* – ele desejava fazê-los perceber a realidade.[17] Era isto que Baudelaire valorizava mais em Goya: não

---

14 Cf. Charles Baudelaire, «Quelques caricaturistes étrangers», in *Oeuvres complètes*, op. cit., pp. 387 ss.

15 Cf. Ibid., pp. 378 ss.

16 Cf. Tzvetan Todorov, *Goya à sombra das Luzes*. Trad. Joana Angélica D'Avila Melo. São Paulo: Companhia das Letras, 2014, pp. 52 ss.

17 Ibid., pp. 76 ss. Ver também Yves Bonnefoy, *Goya, les peintures noires*. Bordeaux: William Blake & Co, 2006, pp. 32 ss.

era tanto seu apego aos ideais do Iluminismo (dos quais o poeta zombava), mas sua iniciativa *de revelar pelo excesso*. Era essa, segundo ele, a missão do modernismo, sendo a do classicismo, pelo contrário, o *disfarce pela medida*, ou seja, a ocultação da verdade por trás da cortina de aparências das convenções. Há, no classicismo, uma recusa em se confrontar com a ambiguidade das aparências, essa ambiguidade que, confundindo incessantemente o fundo e a superfície, constituía para Baudelaire todo o valor. Goya, desenhando seus *Caprichos*, tinha, de forma literal, *posto em obra* essa ambiguidade: ele fizera subir à superfície o que as aparências, tentando dissimular, revelavam de forma segura.

§ 5
O que é um revelador?

Entre os vícios que Goya tentou denunciar em suas gravuras, a prostituição é, ao lado da avareza, um daqueles a que dedicou o maior número de telas – todas da primeira série. O *Capricho* número 7, por exemplo, que Goya intitulou *Ni así la distingue* («Nem assim a distingue»), representa um homem cobiçando uma jovem mulher com ajuda de seu monóculo. Apesar do instrumento, o homem não se dá conta de que se trata de uma puta, todo feliz por achar que está agradando – a puta, de sua parte, se portando com cuidado para não o desiludir. Isso também vale para o *Capricho* número 20, *Ya van desplumados* («Lá estão depenados»), que mostra duas putas comprando galinhas com faces humanas, apesar de já terem perdido todas as suas plumas. Em contrapartida, no *Capricho* número 21, *¡Qual la descañonan!* («Como a depenam!»), é a vez de a puta se encontrar em uma situação delicada, depois de ser presa pelas autoridades. Longe de se contentarem com apenas puni-la, como poderíamos esperar, os representantes da lei, em grupo, começam a «depená-la» de todas as maneiras possíveis.[18] De acordo com certos intérpretes, essa acidez da imagem que o pintor criava sobre a prostituição em seus *Caprichos* tinha como fonte a decepção que sentia por sua relação amorosa com Maria Cayetana de Silva. Ele concebeu a ideia de uma mulher cujos traços dominantes seriam a inconstância e a crueldade com seus amantes – traços que eram precisamente os que a tradição queria que fossem usados para caracterizar as putas. Qualquer que seja a pertinência dessa interpretação, é verdade que aquelas representadas por Goya pareciam mais com espectros estridentes, imagens do vício mais do que etéreas mundanas. Contudo, quando Baudelaire decidiu estabelecer a puta como o único artista verdadeiro da vida moderna, foi precisamente nessas gravuras que ele pensou: as prostituídas que elas encenavam não eram apenas figuras – eram as alegorias. Isso significa dizer que elas eram melhores do que eram: traziam, com suas imagens, esse complemento cosmético de verdade que era consubstancial a suas atividades. *A puta era uma reveladora.* Graças a ela, o que era invisível se tornava visível, o que era escondido por trás das aparências aparecia em suas superfícies – então se tornavam elas mesmas essas aparências. A puta era Goya, sua amargura e sua decepção – ou até mesmo: era Baudelaire. Se havia uma diferença entre os dois, ela consistia apenas na incapacidade de Goya, e no prazer sentido por Baudelaire, de aceitá-la.

---

18 De acordo com uma edição moderna de *Caprichos*, ver Francisco de Goya, *Les Caprices*. Org. J.-P. Dhainault. Paris: Éd. de l'Amateur, 2005.

§ 6
A arte da detecção

No momento em que, com o convite de Leandro Fernandez de Moratin, Goya entrou para o círculo de apoiadores do Iluminismo do qual o dramaturgo fazia parte, Leandro lhe ofereceu um presente. Tratava-se de um pequeno livro, publicado alguns anos antes por seu pai, Nicolas Fernandez de Moratin, discreto poeta e censor real, também conquistado pelos ideais vindos da França. O livro, que Moratin, como era comum na Espanha de seu tempo, só havia oferecido para alguns amigos próximos como cópias manuscritas, se intitulava *Arte de las putas*. Continha um longo poema em verso hendecassilábico, dividido em quatro cantos, e cujo objetivo, inspirado em *A arte de amar* de Ovídio, era fornecer ao leitor tudo que ele precisava saber para poder lidar com as putas de Madri e de seus arredores.[19] Um guia turístico picaresco e, ao mesmo tempo, um manual de educação irônico e um retrato cínico da vida cotidiana na capital espanhola, era também um livro leve. Mesmo retratando as putas atrás das portas de cada palácio, e ainda que seu objetivo caprichoso fosse, como ele mesmo explicou, permitir que seu leitor fechasse um negócio com elas sem gastar dinheiro, ele só queria oferecer diversão àquele que o lesse. Moratin, apesar de se apresentar como um defensor dos iluministas, era também, e talvez mais do que qualquer outra coisa, um amante da Espanha eterna, aquela Espanha onde o fazer negócio com as prostitutas era a coisa mais natural do mundo.[20] No entanto, é a *Arte de las putas* que serviu

---

19 Cf. Nicolas Fernandez de Moratin, *Arte de putear* (1772). Org. I. C. Calderon e G. G. Bernal. Archidona: Aljibe, 1995.

20 Cf. Jean M. Goulemot, «Préface», in Nicolas Fernandez de Moratin, *L'art des putains*. Paris: Dilecta, 2008, p. 13. Sobre a tradição erótica espanhola e sua relação com a prostituição, ver Adeline Rucquoi, *Aimer dans l'Espagne*

de inspiração para Goya desenhar o que viriam a ser os *Caprichos* números 7, 20 e 21: é esse livro, cuja nova forma dissimulava mal a inspiração clássica, que serviu de base para o que Baudelaire considerou a primeira manifestação do modernismo estético. O carnaval das putas encenado por Moratin, de repente, se adornou de uma careta – e o que, para ele, poderia ser uma diversão espiritual se tornou, para o pintor, o revelador de uma podridão moral. Goya, o artista-puto torturado, tinha achado seu mestre na pessoa enganadora, para quem a força da aparência era apenas uma questão de nuance, e não de natureza. Moratin procurava *revelar* a puta em um detalhe do vestido ou em uma nuance da expressão do aristocrata que cruzava seu caminho onde, para Goya, a puta já era visível, mas com uma visibilidade enganadora. Em contrapartida, a puta, segundo o poeta, não revelava nada, pois era sua onipresença que já estava revelada onde, segundo o pintor, ela operava, por meio de sua presença, um furo no mundo das aparências. Para o classicismo de Moratin, a puta não era uma reveladora – ela era um *sinal*, como será mais tarde para Maupassant; e depois, ainda mais tarde, para Godard.

§ 7
Sair do moderno pelo moderno

De todos os artistas citados em sua obra, Goya é aquele que Godard usou mais: dos travellings de *Paixão* aos detalhes fugazes de *História(s) do cinema*, sua pintura forma uma espécie de segunda camada de imagens, como nos filmes.[21] No entanto, se ele foi seu pintor preferido,

---

médiévale. Plaisirs licites et illicites. Paris: Les Belles Lettres, 2008, pp. 67 ss.
21 Cf. Baecque, *Godard*, op. cit., pp. 604 (*Passion*), 677 (*Histoire(s) du cinéma*).

o cineasta nunca fez referência aos *Caprichos* – como se negasse silenciosamente a dimensão moderna que Baudelaire pretendia encontrar ali. Por um lado, em uma entrevista sobre o filme *Duas ou três coisas que eu sei dela*, Godard citou a teoria do artista-puto; mas, por outro, preferindo *A maja nua* ou *Três de maio* às caricaturas, ele traçou, no universo pictórico de Baudelaire, uma diagonal que respeitava apenas em parte essa teoria. O fato de que, diante da obra de Goya, foi à de Maupassant que ele se mostrou mais apegado era mais um sinal da distância que ele desejava criar em relação aos princípios do modernismo artístico. Esse *modernismo distanciado* era outro nome para o espantoso classicismo defendido, na época em que Godard filmava *Une femme coquette*, por seus amigos dos *Cahiers du cinéma* – Éric Rohmer principalmente. Mais tarde, Gilles Deleuze propunha, em seu prefácio a uma coletânea de textos de Serge Daney, uma extensão que não era menos surpreendente, distinguindo, dentro do classicismo, dois momentos: um momento de fato «clássico»; e outro que deveria ser chamado de «moderno».[22] A inserção do cinema na história geral da arte tomou assim a forma de uma repetição dessa história, *mas com base em um de seus termos*: o moderno também tinha uma relação ambivalente com as aparências. O apego manifestado por Godard ao conto de Maupassant era também um apego à possibilidade de sair *do moderno pelo moderno*, em vez de perseguir, como Guy Debord fez de maneira implacável, o empreendimento crítico. A *femme fatale* do cinema clássico hollywoodiano era ainda uma puta reveladora, semelhante às que Baudelaire tinha descoberto em

---

22 Cf. Gilles Deleuze, «Optimisme, pessimisme et voyage. Lettre à Serge Daney», in Serge Daney, *Ciné journal*, v. I: *1981-1982*. 2. ed. Paris: Cahiers du cinéma, 1998, pp. 9 ss. Este texto foi retomado por Gilles Deleuze, *«Carta a Serge Daney: Otimismo, pessimismo e viagem», in Conversações, 1972-1990. Trad. Peter Pál Pelbart. São Paulo: Ed. 34, 1992, pp. 88 ss.*

Goya: era a encarnação do verdadeiro – como falso. Em um texto de sua juventude, Deleuze também elogiava a mulher maquiada, dizendo a mesma coisa enquanto evocava o «acesso à interioridade» possibilitado pela maquiagem.[23] Por outro lado, a puta, em Godard, encontrou uma forma de transparência, ainda que de modo diferente daquele de que Moratin poderia gostar. A figura reveladora era a *coquette* que imitava os gestos e as atitudes da puta – esta última, pelo contrário, se contentava em fazer o que ela fazia e de ser o que ela era, em uma tautologia impecável. A puta se satisfazia em emitir sinais desprovidos de qualquer outra intenção a não ser a de serem detectados como sinais, e de que um cliente desse continuidade a eles. Eram sinais sem qualidade e sem poder: sinais que haviam abandonado o processo das aparências sem, contudo, se reconectar com seu elogio.

§ 8
Decepção, prazer, retaliação

Ao integrar em seu curso a divisão pela qual pretendia, no entanto, marcar a superação, o moderno influenciava o curso da história rumo à direção inversa. Se o classicismo consistia na detecção do verdadeiro através da aparência, e o modernismo em sua revelação a partir dela

---

23 Cf. Id., «Descrição da mulher. Por uma filosofia de Outrem sexuada», *Trad. Juliana Oliva e Sandro K. Fornazari. In David Lapoujade (org.), Cartas e outros textos. São Paulo: n-1, 2018, pp. 251 ss.* Sobre esse texto, ver François Dosse, *Gilles Deleuze & Félix Guattari: biografia cruzada*. Trad. Fátima Murad. Porto Alegre: Artmed, 2010. Há uma edição moderna em italiano, com uma bela introdução de Giuseppe Bianco, em Gilles Deleuze, *«Da Cristo alla borghesia» e altri scritti. Saggi, recenzioni, lezioni 1945-1957*. Org. G. Bianco e F. Treppiedi. Milão: Mimesis, 2010, pp. 66 ss. Para comentários, ver Laurent de Sutter, «The Law and the Maiden. A Short Introduction to Legal Pornology», *New York Law School Law Review*, v. 57, 2012, pp. 125 ss.

mesma, a divisão deste último forçava a revisão de sua definição. O momento «clássico» do moderno foi, portanto, aquele em que a revelação se tornou mais teatral – já que ela resultava, assim como Baudelaire gostaria, em uma essência. Era deste ponto de vista que o cinema de Debord poderia ser tido como «clássico»: as imagens de seus filmes não eram nada sem o comentário recitado na voz em off pelo próprio escritor, que exprimia assim o verdadeiro significado. Os carros brilhantes e as meninas com seios nus que víamos em *A sociedade do espetáculo* eram, para ele, apenas símbolos de nossa alienação no mundo do falso – ou seja, no mundo das imagens. Tal era o paradoxo de seu cinema: tentar mostrar, com a ajuda de imagens (ou com a ajuda de sua ausência, como em *Hurlements em faveur de Sade* [Uivos em favor de Sade]), o quanto as imagens não eram nada sem comentário.[24] Ao contrário, com *Une femme coquette*, filmado apenas três anos depois de Debord ter lançado *Hurlements*, Godard contribuiu, de sua parte, para a inauguração da fase «moderna» do moderno. A distinção entre a puta e a *coquette* representava a ascensão da tese defendida por Baudelaire – que via, ao contrário de Debord, o falso como um momento do verdadeiro. Debord era baudelairiano, no sentido de que considerava as aparências como manifestações do momento de verdade do falso, mas não o bastante – já que essa constatação não visava, para ele, mais do que registrar a insuficiência da verdade. Para Debord, o falso sempre era uma decepção; enquanto para Baudelaire ele é um prazer um pouco perverso, um pouco mórbido: a do amador de ruínas e fracassos. Godard não praticava a decepção nem o prazer; ele praticava a

---

[24] Cf. Fabien Danesi, *Le cinéma de Guy Debord (1952-1994)*. Paris: Paris Expérimental, 2011, pp. 43 ss. Ver também, Id., Fabrice Flahutez e Emmanuel Guy, *La fabrique du cinéma de Guy Debord*. Arles: Actes Sud, 2013.

retaliação – ou seja, dirigia as imagens *contra* a verdade que se revelava, a despeito delas mesmas, em sua superfície. Não eram as imagens que ele achava suspeitas ou decepcionantes, mas a própria verdade, à medida que era revelada, e mesmo que essa revelação fosse a de sua decrepitude. Nesse sentido, ele era tão baudelairiano quanto Debord, mas de outro jeito: em forma de confiança concedida ao brinquedo ou à maquiagem, que infundia até a voz em off presente em seu próprio filme. Era o *comentário que era cosmético*, e não as imagens: as imagens, em sua grande fraqueza, nunca enganam – elas são «apenas imagens», cujo poder de mentira existe apenas por meio do uso que fazem delas.

§ 9
Uma aparência de verdade

Um dia, em Roma, Maupassant convidou Paul Bourget para acompanhá-lo a um bordel na rua Torre di Nona. Quando Paul o viu subir com uma puta obesa, ficou com uma expressão estupefata; Maupassant a percebeu e, continuando seu caminho, falou: «Agora eu entendo sua psicologia». Em vez de lhe contar que, a julgar por sua fisionomia, ele tinha desvendado a personalidade que o romancista escondia atrás de sua imperturbável aparência de sério, o novelista preferiu dizer a Maupassant que, graças à careta que lhe escapara, ele havia compreendido seus *livros*.[25] Se Godard, citando Baudelaire, escolheu adaptar o conto de Maupassant, foi sem dúvida por causa desse ricochete que complica a relação entre verdade e

---

25 Cf. Hervé Manéglier, *Les artistes au bordel*. Paris: Flammarion, 1997, p. 284 (cit. Alberto Lumbroso, *Souvenirs sur Maupassant*. Roma: Bocca, 1905, cit. por Armand Lanoux, «Préface», in Guy de Maupassant, *Contes et nouvelles*. Ed. A. Lanoux. Paris: Gallimard, 1974, t. I, p. XIII).

aparências. A verdade em questão, em «O sinal», não era *a* verdade das aparências: era *uma* aparência da verdade, referindo-se a algo diferente do que era o sinal vazio. O caráter tautológico dos sinais emitidos pela puta sentada à sua janela abria uma linha de fuga: a verdade da *coquette* que tentou imitá-la. Mas as imagens vindas sempre de um sistema de imitação, ricocheteando na puta para chegar à *coquette*, significavam que quem encarnava essas imagens *não era a puta*. A puta encarnava o cinema – enquanto a *coquette* encarnava a imagem em geral: a puta era a que, no cinema, ricocheteava em direção às imagens sem nunca se deixar enganar. A *coquette*, como tinha se comprometido a manipular os sinais sem antes compreender o vazio, também não podia compreender as consequências – a puta, sim: ela fazia cinema. À honestidade fundamental das imagens ou das aparências, à sua tautologia sem significado, à sua aparência de verdade, era preciso um complemento: o desejo por cinema do cliente de puta interpretado por Godard. Era esse desejo que, nele, redimia o vazio das aparências celebrado por Baudelaire e criticado por Debord e, portanto, o distanciava de forma imperceptível da teoria da artista-puta.
A puta, ao contrário do que desejava Baudelaire, não era a artista da vida moderna: ela era na verdade o *medium* – ela era a encarnação da arte em si. Era por isso que, aos olhos de Godard, o cinema poderia ser considerado a arte dos sinais verdadeiros: a confiança nas imagens era justificada pelo desejo que elas eram capazes de satisfazer. *As putas mentem, mas nunca enganam.* Elas produzem sinais sem significado, sem verdade intrínseca – mas quem os recebe de fora, do lugar do desejo é que os reconhece como correspondentes. A teoria da verdade de Godard era uma teoria de l'*adequatio rei et intellectus*, com a única diferença de que essa adequação se apresentava em muitas camadas.

§ 10
Ex pluribus unum

Depois de ter filmado *Une femme coquette*, Godard pareceu perder o interesse pelo filme: ele nunca foi lançado nos cinemas, e se acreditou por muito tempo que tinha sido perdido.[26] No entanto, o diretor não havia terminado com as putas, da mesma forma que ele não terminara com o conto de Maupassant – na verdade, estava apenas começando. Dez anos depois das filmagens de sua primeira ficção, Godard trabalhava de novo em uma adaptação de «O sinal», que viria a se chamar *Masculino-feminino*, e na qual a *coquette* descia ao inferno e terminava em um clímax sadiano. O roteiro não foi filmado, mas Godard voltou ao conto de Maupassant no ano seguinte: ele o tornou uma das duas fontes (junto com uma pesquisa sobre a prostituição «ocasional» publicada na revista *Le Nouvel Observateur*) de *Duas ou três coisas que eu sei dela*, lançado em 1966. Nesse meio-tempo, ele havia trabalhado em dois outros projetos envolvendo putas, ambos abandonados: um curta-metragem sobre a rua Saint-Denis, que deveria ter aparecido em um filme de *sketches* produzido por Roberto Rossellini, e que o manteve ocupado na primavera de 1956; e uma adaptação de *Eva*, o romance de James Hadley Chase, ao qual ele se dedicou em 1961, e que Joseph Losey acabou filmando. Além de tudo, houve *Viver a vida*, em 1962, em que Anna Karina interpretou uma Nana dos tempos modernos; e *Alphaville*, em 1965, onde interpretou uma «sedutora» profissional atraindo Lemmy Constantine para sua rede. No entanto, mesmo depois de *Duas ou três coisas que eu sei dela*, Godard ainda não tinha terminado com as putas: elas foram o tema do curta-metragem *Antecipação ou o amor no ano 2000*, que

---

26 Cf. Baecque, Godard, op. cit., p. 74.

apareceu nos créditos do filme de *sketches O amor através dos séculos*, em 1967; assumiram o rosto de Juliet Berto, que, em *A chinesa*, no mesmo ano, interpretou Yvonne, uma jovem provinciana que veio para Paris e se tornou puta; e tiveram uma encarnação arrepiante na personagem interpretada por Isabelle Huppert em *Salve-se quem puder*, de 1980. Mesmo a primeira versão, não filmada, do roteiro de *Elogio do amor*, de 2001, retratava uma acompanhante de luxo deixada pelo amante por uma mulher mais velha, vivendo ela também da prostituição, mas do nível mais baixo.[27] De um filme para outro, de um projeto para outro, as putas nunca deixaram de aparecer, todas diferentes, no cinema de Godard, como se fossem suas acompanhantes necessárias. Ou melhor, como se, sem elas, para ele fosse impossível haver filme – como se não houvesse filme possível sem as putas, em torno de putas e graças às putas. Se a grande obsessão de Godard era a verdade, esta não poderia ser dissociada de forma alguma de sua obsessão pelo cinema – isto é, de sua obsessão pelas putas. Assim, portanto, essas três obsessões eram uma só.

---

27 Ibid., pp. 186 ss. (*Eva*), 203 ss. (*Viver a vida*), 279 ss. (*Alphaville*), 302 ss. (*Masculin-Féminin*), 335 ss. (*Duas ou três coisas que eu sei dela*), 342 ss. (*Antecipação ou o amor no ano 2000*), 353 ss. (*A chinesa*), 581 ss. (*Salve-se quem puder*), 769 ss. (*Elogio do amor*). Para uma análise do papel das putas nesses filmes (salvo no último), ver Marc Cerisuelo, «Prostituée», in J. Déniel e P. Leboutte (org.), *Une encyclopédie du nu au cinéma*. Crisnée: Yellow Now, 1994, pp. 314 ss. Ver também Alain Bergala, «Godard», in Déniel e Leboutte, *Une encyclopédie...*, op. cit., pp. 169 ss.

METAFÍSICA DA PUTA

02
A prostituição é um esporte de combate

§ 11
Uma noite no teatro

Era uma noite como todas as outras. Na grande sala do Trianon-Theater, em Viena, uma pequena trupe de teatro se preparava para entrar em cena. Como pré-programa, Karl Kraus tinha proposto uma conferência dedicada à peça que seria encenada: *A caixa de Pandora*, de Franz Wedekind. Alban Berg estava sentado no meio da plateia, e a impressão que lhe causou o discurso de Kraus foi tal que Theodor Adorno, no livro que dedicou a Berg (que fora seu mestre), se julgou autorizado a descrever sua música como um agradecimento ao próprio Kraus.[28] A verdade é que era uma noite como as outras apenas na aparência. Algumas semanas antes, os censores do imperador Francisco José haviam decidido proibir a peça de Wedekind, exceto para «apresentações privadas». A noite de 29 de maio de 1905 foi uma dessas apresentações, organizadas pelo próprio Kraus para protestar contra o que aconteceu com a peça de Wedekind. Como no prefácio que este escreveu para uma reedição tardia de *A caixa de Pandora*, a conferência que precedeu o espetáculo era uma obra-prima de eloquência furiosa. Kraus não escondia sua ira diante da hipocrisia grotesca exibida pela administração imperial – uma hipocrisia cujo caráter grotesco, como sempre, vinha de suas intenções *morais*. Os censores imperiais não toleraram Wedekind encenando o declínio de uma mulher que causava pânico nos homens e aceitava dinheiro deles em troca de seu amor.[29] Porque ali estava o escândalo: *todos* os homens e *todas* as mulheres, ao

---

28 Cf. Theodor Adorno, *Berg. O mestre da transição mínima* (1968). Trad. Mario Videira. São Paulo: Ed. Unesp, 2010.

29 Cf. Jean-Louis Besson, «Présentation», in Frank Wedekind, *Théâtre complet*, t. ɪɪ: *Lulu*. Trad. fr. J.-L. Besson et al. 2. ed. Paris: Éditions théâtrales, 2006, pp. 373 ss.

conhecer Lulu (a protagonista da peça), sentiram o desejo de possuí-la, quaisquer que fossem suas origens ou extrações. Para eles contava pouco o fato de que Lulu, caída na mais sombria decadência depois das sucessivas traições e covardias de seus e suas amantes, acabasse perecendo sob o punhal de seu último «cliente», Jack, o Estripador. Pelo contrário, como bem entenderam os censores, esse final trágico era o verdadeiro veneno da peça: ao matar Lulu dessa maneira, Wedekind apontava para a obscenidade do comportamento daqueles que a levaram à morte. Não era Lulu, a prostituta, o objeto do estigma do dramaturgo – mas sim *o resto do mundo*: as burguesas e os burgueses, os aristocratas e suas amantes, os trabalhadores e os bandidos. Um pouco como Moratin descreveu a onipresença da prostituição na Madri de sua época, Wedekind fez de Viena o cenário de uma vilania generalizada, cuja hipocrisia era inteiramente estruturada pelo desejo sexual de posse e pela incapacidade daqueles que o sentiam de arcar com suas consequências.

§ 12
Suar sangue e felicidade

Quando, por volta de 1927, Berg decidiu começar a compor uma segunda ópera, ainda se lembrava com precisão dos eventos da soirée à qual ele tinha assistido havia quase 25 anos. Isso não era surpreendente: a seus olhos, Kraus devia ser incluído entre os mestres, da mesma forma que os grandes compositores que sua obra homenageava.[30]
O pensamento de Kraus, a estranha mistura de crueldade e compaixão que animava seu movimento, encontrava nele

---

30 Cf. Alban Berg, «À Karl Kraus» (1934), in *Écrits*. Org. D. Jameux. Paris: Christian Bourgois, 1984, pp. 203-4.

algo como um eco espiritual, bem como um modelo. No entanto, Berg hesitou por muito tempo antes de se decidir a adaptar as duas peças de Wedekind com a figura de Lulu, sopesando-as contra uma peça leve (*bluette*) de Gerhart Hauptmann, *Und Pippa Tanzt!* Em sua correspondência com Soma Morgenstern (que era então o correspondente cultural em Viena do *Frankfurter Zeitung*), bem como na correspondência com Adorno, as razões para essa hesitação não são claras – e não parecem ter nada a ver com a dimensão moral sublinhada por Kraus. O único argumento apresentado por Berg é o da necessidade: «é preciso apenas decidir qual das duas é mais necessária e urgente», escreveu a Adorno, antes de mudar de ideia e se lançar em uma adaptação de *Leonce e Lena* de Goerg Büchner, que rapidamente abandonou.[31] Por que ele duvidava da necessidade de adaptar as peças de Wedekind? Talvez porque o próprio Kraus já tivesse dito tudo que havia a dizer sobre isso, e Berg não se sentisse à altura de acrescentar o que quer que fosse aos propósitos de seu mestre. Talvez também porque ele se inquietasse com as possíveis consequências da representação de uma ópera baseada em um trabalho que causara escândalo e a propósito da qual a censura, outrora, interviera com violência. Mas pouco importa. Durante o verão de 1928, Berg finalmente escreveu para Adorno que progredia na composição de *Lulu* suando «sangue e felicidade», mesmo que tivesse de interromper seu trabalho quase imediatamente para aceitar uma ou outra encomenda suscetível de lhe trazer algum dinheiro.[32] Em relação ao díptico de Wedekind, o enredo da ópera era muito mais enxuto, e omitia diversas cenas – embora o essencial tenha permanecido: a centralidade da

---

31 Cf. Theodor Adorno e Alban Berg, *Correspondance. 1925-1935*. Trad. fr. M. Dautrey. Paris: Gallimard, 2004, p. 164 e n. 1 (carta 70).

32 Ibid., p. 188 (carta 81).

personagem de Lulu, tanto objeto de desejo quanto figura de uma forma enigmática de liberdade. Essa liberdade, na música de Berg, manifestou-se antes de tudo pelo fato de, ao contrário dos costumes operísticos, ele ter escolhido para o papel de Lulu uma partitura de coloratura. Como Adorno logo percebeu, era uma espécie de homenagem à forma como Wedekind desenhou seu personagem, nomeadamente como a personalização da ingenuidade – uma forma de ingenuidade que não deixava de ser relacionada com a ideia de inocência, essa liberdade suprema.[33]

§ 13
Duplicidade de dinheiro

O que é a inocência senão a ausência de duplicidade? Fazendo de Lulu a encarnação do *ser possuído*, Wedekind queria enfatizar o quanto a verdade de toda possessão era dúbia: *ser possuído é ser despossuído*. Porque despertava em torno de si um desejo que não solicitara, mas ao qual era incapaz de resistir, Lulu era assim, ao mesmo tempo, tanto possuída quanto despossuída – tanto sujeito quanto objeto. No entanto, nem a posse nem a expropriação dependiam dela; ela era sua vítima quase passiva, como se uma espécie de feitiço houvesse sido lançada sobre ela. Ou seja, como se tivesse sido possuída em outro sentido: no sentido de uma forma de magia negra que a tivesse privado de toda vontade ao mesmo tempo, de todo pudor, de toda contenção, de todo senso de propriedade. Lulu, para Wedekind, era inocente porque era *unilateral*: era um ser unidimensional, que só a posse pelos outros acabava introduzindo no mundo da duplicidade. Esse mundo era o do dinheiro. Em um mundo como esse, não há nada que não possa ser possuído desde

---

[33] Cf. Adorno, Berg, op. cit.

que um preço seja pago por essa posse – e, portanto, que uma desapropriação seja registrada ao mesmo tempo. Não surpreende, desse ponto de vista, que a «tragédia monstro» escrita por Wedekind tenha tomado a forma de um díptico; da mesma forma que não surpreende que a estrutura da ópera de Berg tenha tomado a forma de um arco. O movimento do dinheiro, na espiral em que a vida de Lulu foi capturada, se desdobrava em uma sístole e uma diástole, um clímax e um anticlímax, correspondentes à sua posse e à sua espoliação. *O dinheiro é sempre dúplice* – como o é toda sociedade que escolhe, como a sociedade burguesa da Viena de 1900, torná-lo seu modelo ou instituí-lo como seu princípio. A hipocrisia da censura que *A caixa de Pandora* havia sofrido nada mais era do que uma manifestação entre outras do caráter hipócrita da sociedade que ela alegava defender. Essa hipocrisia era tal que a mera representação da duplicidade cultivada por ela lhe parecia insuportável – o que indica, talvez, que ela tivesse entendido a peça de Wedekind de maneira muito mais profunda do que se podia imaginar. Pois, como personificação da inocência vítima da duplicidade do mundo da posse e do dinheiro, o que era Lulu senão o símbolo dessa duplicidade e dessa hipocrisia? Ela era o símbolo disso no próprio interior do díptico de Wedekind – porém, mais além, era o símbolo disso aos olhos de todos os que veriam a peça, visto que toda peça é um espelho. Lulu, a puta inocente massacrada por seu último amante depois de ter sido pouco a pouco destruída pelos precedentes, era a rachadura no espelho no qual a burguesia amava contemplar seu reflexo.[34]

---

34 Sobre esse assunto, ver Louis Althusser, «O 'Piccolo', Bertolazzi et Brecht (Notas sobre um teatro materialista)», *Por Marx*. Trad. Maria Leonor F. R. Loureiro. Campinas: Ed. da Unicamp, 2015, pp. 107 ss. Para um comentário, ver Laurent de Sutter, «Louis Althusser et la scène du procès», in F. Garcin-Marrou e D. Panopoulos (org.), *Images et fonctions du Théâtre dans la philosophie française contemporaine*. Paris: Hermann, no prelo.

§ 14
A utopia de Wedekind

Durante sua palestra no Trianon-Theater, Kraus deu um nome para a hipocrisia moral da sociedade burguesa que destruía Lulu e censurava Wedekind: ele a chamou de «moralidade do cafetão».[35] À inocência da puta, ele confrontou a culpa do cafetão, querendo «fazer Lulu pagar, por [sua] baixeza, todas as falhas que [sua] loucura [o] levou a cometer».[36] Cafetão é quem *taxa* aqueles que *violentou* – e que os taxa justamente porque os violentou, e porque não é capaz de encarar de frente essa violação. Na sociedade burguesa, os cafetões são inúmeros: a polícia, os governantes, os empresários, os professores, os artistas – qualquer homem que sonha em possuir em vez de amar. A inocência de Lulu, diante de incontáveis cafetões dispostos a pagar para possuí-la, é, portanto, a inocência do amor, esse amor do qual é impossível subtrair, independentemente do desejo dessa sociedade burguesa, o sexo. *Não há duplicidade no amor* – isto é, não há duplicidade no sexo: essa é a curiosa e livre máxima da qual Lulu era o emblema, cada vez mais desprezado e maculado. Lulu, «a mulher inteiramente sexual», como escrevia Kraus, foi, *por isso mesmo*, a mulher inteiramente apaixonada e, portanto, inteiramente inocente.[37] Seria uma utopia? Wedekind, em todo caso, não era ganancioso, como evidenciado pelo surpreendente projeto de falanstério sexual que ele imaginara em um manuscrito nunca publicado durante sua vida, *Mine-Haha*. Nele, descreveu uma espécie de projeto para a educação de jovens meninas, que pretendia torná-las as

---

35 Cf. Karl Kraus, *La boîte de Pandore*. Trad. fr. P. Gallissaires. 2. ed. Paris: Ludd, 1995, p. 18.

36 Ibid.

37 Ibid., p. 17.

cortesãs supremas, representação pura de uma despesa sem posse, e que desaparece assim que surge.[38] Em uma carta a Berg, na qual ele se preocupava com o progresso deste quanto à composição de sua ópera, Adorno aconselhou-o a ler esse texto, que descreveu como «um dos mais importantes que a literatura alemã produziu nos últimos cinquenta anos».[39] A obsessão que atravessava o texto era a mesma que animava o díptico do «monstro-tragédia»: a criação de um personagem cuja inocência passaria por sua consagração no amor, na qualidade de sexual. Se isso fosse uma utopia, então era porque, como todas as utopias, a que Wedekind procurava era uma nova forma de moralidade, permitindo abandonar aquela de onde veio: a moralidade do cafetão. Essa nova moral, rejeitando a vontade de possuir e a lógica dúbia do dinheiro, era uma moralidade de compaixão – uma compaixão que lembrava aquela desejada por Arthur Schopenhauer em *O mundo como vontade e como representação*.[40]

§ 15
A moral é uma questão de forma

Em seu livro sobre Alban Berg, Adorno argumentou que Schopenhauer não desempenhou nenhum papel na formação intelectual de seu falecido mestre – mas o fez para ressaltar «a capacidade ilimitada de compaixão» de Berg.[41] A compaixão expressa por toda parte

---

38 Sobre *Mine-Haha*, ver Roberto Calasso, «Déesses entretenues» (1975), in *Os 49 degraus*. Trad. Nilson Moulin. São Paulo: Companhia das Letras, 1997.

39 Adorno e Berg, Correspondance, op. cit., p. 261 (carta 111).

40 Cf. Arthur Schopenhauer, *O mundo como vontade e como representação*, tomo 1. (1859). Trad. Jair Barboza. São Paulo: Ed. Unesp, 2005, pp. 476 ss. (IV, 67).

41 Cf. Adorno, Berg, op. cit., p. 28.

02 A PROSTITUIÇÃO É UM ESPORTE DE COMBATE

pela música de Berg foi o que o tornou o mais supremo dos humanistas, ao mesmo tempo o mais desumano, o mais pessimista dos seres humanos: um humano que não vê humanidade exceto na morte do humano. A essa combinação de pessimismo e compaixão, Adorno preferiu encontrar em Berg outra genealogia, remontando a Baudelaire por um lado, e a Balzac de *Esplendores e misérias das cortesãs* de outro. Sua adaptação orquestral de «Le Vin», poema de Baudelaire, deveria, segundo ele, ser considerada uma introdução direta a *Lulu*, para a qual o romance de Balzac forneceu a chave estrutural, composta de um duplo movimento de ascensão e queda.[42] Mas o fato era que, como Kraus e Wedekind, foi do ponto de vista moral que ele havia escrito a partitura para o personagem Lulu, um pouco como Godard invertendo a fórmula de Luc Moullet, dizendo que a moral era uma questão de travellings.[43] De fato, tanto para Berg como para Schopenhauer, a moral era uma questão de forma: a forma arqueada da narração da ópera, à qual correspondia a forma arqueada da série usada para compô-la. Essa forma, baseada em um número muito limitado de exigências, nutria, como no caso da escolha de uma voz de coloratura para o papel de Lulu, a ambição de celebrar com pureza os reencontros musicais. No entanto, como Adorno também havia observado, a ópera de Berg estava repleta de elementos impuros: fragmentos de melodias de jazz, ostinatos de música de cinema, estrutura de gavota servindo de leitmotiv para o personagem de Lulu.[44] Na verdade, essa impureza era apenas superficial – essa

---

42 Ibid., pp. 29, 37, 43, 50.

43 Cf. Antoine de Baecque, «A moral é uma questão de *travellings*. A crise fullerienna da cinefilia francesa (1953-1965)», *in Cinefilia: invenção de um olhar, história de uma cultura. 1944-1968*. Trad. André Telles. São Paulo: Cosac Naify, *2010, pp. 197* ss.

44 Cf. Adorno, Berg, op. cit., pp. 198 ss.

superfície, essa vestimenta, esse «nada» que «embeleza o que é», o qual Baudelaire havia definido ao lhe dar o nome de «cosmético». Tal era o humanismo paradoxal de Berg: «empurrar a aparência até a transparência», até o momento em que esta compensa um fundo que, por sua vez, ressalta sempre uma espécie de duplicidade.[45] *Apenas a superfície é unívoca* – isto é, só ela pode reivindicar a inocência, portanto o infinito amor que Schopenhauer chamava compaixão. A escolha de uma música popular, para Berg, foi um modo de simplificar o fundo, multiplicando as superfícies; talvez até uma maneira de *esquecer* esse pano de fundo, assim como ele havia, aos olhos de Schönberg, esquecido as lições de dodecafonismo que professava em outros lugares. A superfície era o esquecimento do fundo, assim como o amor de Lulu era o esquecimento do dinheiro – que era, do ponto de vista da sociedade burguesa, a pior das traições.

§ 16
O kitsch como arte das superfícies

Lulu, cantarolando uma gavota com sua voz frágil de coloratura, era o rosto que Berg, depois de Wedekind, escolhera dar à superfície, como a própria forma da compaixão. Mas, desse ponto de vista, ele já estava situado, como Godard, além do modernismo baudelairiano, que preferia ver na superfície um escárnio dirigido ao fundo, à profundeza. Berg não era um zombador: era um *espectador*.[46] Quando Adorno lhe escreveu de Berlim, em um dia de 1933, para contar de uma exibição de *Die Büchse*

---

45 Ibid., p. 51.
46 Ibid., p. 68 (e a referência a Kierkegaard).

der Pandora («Lulu»), de Georg Wilhelm Pabst, foi esse espectador que encorajou Berg a retomar o trabalho em sua ópera.[47] O ponto de vista de Pabst, amargo e expressionista, não era alheio ao de Berg: na linha das provocações ferozes de Kraus, ou do *côté «fin-de-siècle»* que Adorno percebia em seu mestre, também Berg mostrava traços do «vienense». Ele foi uma das figuras que Peter Altenberg, que tinha sido amigo de juventude de Berg e estivera presente na palestra de Kraus no Trianon-Theater, melhor encarnava: o *Jugendstil* do pensamento.[48] Apesar desse kitsch (ou, talvez, graças a ele: o kitsch como arte de superfície), os filmes que Pabst fazia a partir das peças de Wedekind conservavam aquela força moral que inquietava Berg. O diretor tinha um rosto para isso, que era para o cinema o que a voz de coloratura era para Lulu: o de Louise Brooks, que ele pôs em cena em Lulu, depois em *Das Tagebuch einer Verlorenen* (Diário de uma garota perdida).[49] Em suas memórias, Brooks contou como, arruinando sua carreira ao recusar um corte salarial que lhe fora imposto pelo estúdio, ela aceitou, na hora, a oferta que Pabst lhe fizera para atuar em seu filme.[50] Essa independência feroz, sua desconfiança diante do desejo de posse que assombrava a Hollywood de seu tempo, eram também marcas de univocidade: Brooks era uma mulher completa. Mas não foi essa adequação que marcou Adorno quando ele viu Lulu; era sobretudo, como para qualquer espectador, a extraordinária pureza do rosto da atriz, sua

---

47 Adorno e Berg, Correspondance, op. cit., p. 270 (carta 118).

48 Cf. Adorno, Berg, op. cit., p. 47.

49 Sobre a colaboração entre Pabst e Brooks, ver Barry Paris, *Louise Brooks. A Biography*. 2. ed. Minneapolis: Univ. of Minnesota Press, 2000, pp. 279 ss. Ver também R. Jaccard (org.), *Louise Brooks. Portrait d'une anti-star*. Paris: Phébus, 1977.

50 Cf. Louise Brooks, *Loulou à Hollywood. Mémoires*. Trad. fr. R. Brest. 2. ed. Paris: Tallandier, 2008, pp. 142 ss.

«imagenuidade». Muito mais tarde, quando Guido Crepax criou a personagem de Valentina, e optou por dar-lhe as feições de Brooks (olhos grandes, boca carrancuda, cabelo preto estruturado como «capacete» em torno de uma franja), foi sem dúvida pelos mesmos motivos. Brooks era Lulu (ou «Loulou», como Pabst gostava de soletrar) porque era imagem e forma ao mesmo tempo – superfície se impondo em sua univocidade como a manifestação da compaixão. As ignomínias sofridas por Valentina, como as sofridas por Lulu (e Loulou), a deixavam cada vez mais intacta, e, por parecer mais intacta, mais desejável, mais excitante, mais cobiçada. Porém, mesmo quando consumidas, essas ignomínias falharam na única coisa para a qual foram usadas: possuí-la.[51]

§ 17
A política da prostituída

Nos anos em que Kraus realizava sua conferência no Trianon-Theater, Alexandra Kollontaï dava os últimos retoques no que se tornaria seu livro mais famoso: *Os fundamentos sociais da questão feminina*, publicado em 1909. Ela acabara de deixar os bolcheviques, com quem brigara a respeito da participação dos trabalhadores nas decisões revolucionárias, e se juntara, por um tempo, ao partido menchevique. Quando o livro foi publicado, Alexandra estava fora da Rússia: suas atividades lhe renderam dois processos, um deles por convocar uma insurreição – a insurreição que ela nunca deixaria de desejar.[52] Em *Os*

---

51 Cf. Roland Barthes, «J'écoute et j'obéis», in *OEuvres complètes*, t. IV, 1972--1976. Org. E. Marty. 2. ed. Paris: Seuil, 2002, pp. 839-40. Sobre a correspondência entre Crepax e Brooks, ver também Paris, Louise Brooks, op. cit., pp. 498 ss.

52 Cf. Judith Stora-Sandor, «Introduction», in Alexandra Kollontaï, *Marxisme et révolution sexuelle*. Org. J. Stora-Sandor. Paris: Maspero, 1977, pp. 156.

fundamentos sociais da questão feminina, Kollontaï apresentou a versão da tese, desenvolvida pelos socialistas desde o último terço do século XIX, do vínculo consubstancial entre a prostituição e a luta de classes.[53] Segundo ela, não só a situação das prostitutas, mas também a própria existência da prostituição deviam ser imputadas à organização das condições de trabalho e de produção pela classe dominante. Como Kraus, ela usava, para descrever a forma como o Estado burguês lidava com o «problema» da prostituição, o vocabulário da hipocrisia – ou melhor, da ambiguidade e da contradição. Ela escreveu: «Que contradições! Por um lado, o Estado reconhece oficialmente que a prostituição é necessária; por outro, condena prostitutas e cafetões».[54] No entanto, o tom subjacente à tese de Kollontaï ainda era de natureza moral: a moralidade da abolição, cuja lógica era que, em uma sociedade sem classes, a prostituição desapareceria por conta própria. O que as putas faziam, e o que elas eram, só lhe interessava sob a ótica de poder designá-las como exploradas e, portanto, necessitadas de libertação. Para Kraus, por outro lado, *era a prostituta que era a libertadora*: era ela que, ao tornar visível a hipocrisia da sociedade burguesa em relação ao sexo e não ao trabalho, a privava subitamente de todo poder. Ela poderia muito bem matar Lulu; a verdade é que ela nunca a *teve* – isto é, não tivera dentro de si o que era mais importante para ela, a saber, seu amor. O burguês não conseguia perceber que, quando dormia com Lulu, era o amor dela que recebia, e que esse presente não dependia de seu dinheiro, mas de seu ser. Como o burguês, Kollontaï não entendia a linguagem do amor, e portanto

---

53 Cf. Alain Corbin, *Les filles de noce. Misère sexuelle et prostitution au xixème siècle*. Paris: Flammarion, 1982, pp. 344 ss.

54 Alexandra Kollontaï, «Les problèmes de la prostitution», in *Marxisme et révolution sexuelle*, op. cit., p. 74.

a do sexo; compreendia apenas a da exploração e da violência, do trabalho e da revolução. Se houve uma revolução-Lulu, foi uma revolução invisível: uma revolução do olhar, como órgão de percepção das superfícies – ou melhor: das imagens.

§ 18
Transação e consumo

Quando deu a Anna Karina o papel de Nana, a pequena prostituta de *Viver a vida*, Godard decidiu fazê-la usar uma peruca que imitava perfeitamente o penteado de Brooks.[55] Foi uma decisão que trouxe consigo uma gama de significados e reminiscências, carregando assim o personagem interpretado por Karina de uma espécie de poder arquetípico. Nana, a puta do romance de Émile Zola, de repente ressoou com a Lulu a quem Brooks havia dado seu rosto, para elevar esse personagem à categoria de imagem – mas *apenas* uma imagem. Como todos os outros filmes de Godard, *Viver a vida* era um filme de amor que retratava um mundo no qual o amor era impossível: um mundo em que o único amor que existia tomava a forma de uma *transação*. Mas essa transação não era aquela, denunciada por Kollontaï e pelos teóricos socialistas, que consistia em trocar serviços sexuais por uma quantia mais ou menos relevante de dinheiro. O que Godard encenou foi uma transação no sentido de que se tratava sempre, para putas como Nana, de *transigir* – de renunciar à beleza, à ingenuidade ou à liberdade para conhecer o amor. A obscenidade da sociedade burguesa estava ligada a uma moralidade amorosa de renúncia que ela defendia da mesma forma que defendia uma moral política

---

55 Cf. Baecque, *Godard*, op. cit., p. 209.

de obediência e uma moral econômica de exploração. A sociedade burguesa defendia uma moralidade da prostituição universal – entendida como uma máquina de ablação do desejo, como uma máquina de uma fria transação amorosa. Como Lulu, a Nana de Godard era, portanto, objeto de transação, ao mesmo tempo que era sujeito dela: ela era, por completo, *transacional* – isto é, perecível. Mesmo quando, no fim de *Viver a vida*, ela foi morta, isso ocorreu porque uma transação entre dois cafetões, uma transação a seu respeito, acabou azedando. No entanto, o filme de Godard não era uma crítica da lógica transacional que constitui o núcleo da sociedade burguesa; era mais uma espécie de estudo, uma forma de *olhar* para essa sociedade. Vários anos depois das filmagens de *Viver a vida*, o diretor, durante um debate na televisão, não hesitou em defender o «valor heurístico da prostituição», sua capacidade de mostrar.[56] Se a puta era libertadora, como queria Kraus, era na medida em que transformava o olhar, impondo-se como uma imagem sem qualidade, mas que esse olhar não podia ignorar. Como imagem, a puta é uma presença. Eis a razão pela qual existe um vínculo obscuro e profundo entre a puta e a atriz – um vínculo cuja solidez Godard nunca deixou de destacar (para o próprio Godard, o nome de Nana, em *Viver a vida*, deve ser entendido sobretudo como um *Anna-grama).*[57]

---

56 Ibid., p. 204.
57 Cf. Adorno e Berg, Correspondance, op. cit., pp. 328 ss. (Anexo i, «Lettres d'Adorno à Hélène Berg. 1935-1949», carta 4).

§ 19
O espelho infiel

Berg nunca terminou sua ópera: quando morreu, em 24 de dezembro de 1935, apenas os dois primeiros atos haviam sido orquestrados; o terceiro restou como notas esparsas. Apesar da insistência de Adorno, que sugeriu a Helen Berg, logo depois da morte do marido dela, que era necessário encontrar alguém para completá-la, foi dessa forma mutilada que a peça se encenou até 1979.[58] Naquele ano, pela primeira vez, uma encenação completa de *Lulu* foi apresentada ao público, baseada na orquestração do terceiro ato da ópera de Friedrich Cerha. Tinha sido necessário esperar a morte da viúva de Berg para descobrir a existência desse trabalho, e para Pierre Boulez e Patrice Chéreau finalmente decidirem apresentá-lo. Mas, quando o público da Ópera de Paris descobriu, por sua vez, o tratamento que Boulez e Chéreau tinham decidido impor ao trabalho, houve um pequeno escândalo, que obrigou este último a se explicar. O público e os críticos ficaram indignados porque os cenários e figurinos escolhidos por Chéreau definiram o enredo da ópera como se passando na década de 1930 (o momento de sua composição) em vez de 1900 (o momento de sua narração). Respondendo, com algumas semanas de intervalo, às reprovações que lhe foram feitas, o diretor foi totalmente claro: «Alban Berg e Frank Wedekind apenas mostraram um espelho exato».[59] Esse espelho era Lulu. Como os amantes e as amantes da pequena puta de Wedekind, os espectadores da Ópera de Paris quiseram possuir um sexo e receberam, em troca,

---

58   Ibid.

59   Patrice Chéreau, *Si tant est que l'opéra soit du théâtre. Notes sur une mise en scène de Lulu* (1979). Toulouse: Ombres, 1992, p. 11. Esse volume retoma o texto feito por Chéreau para o programa da encenação da ópera de Berg, ed. Jean-Claude Lattès.

apenas a imagem de seu próprio desejo impossível. «Ela vem de outro lugar», escreveu Chéreau sobre ela:

> melhor, ela *está* em outro lugar, em um mundo próprio. Aparentemente, ela segue regras sociais, não há rebeldia nela, exceto quando você não a entende. Nosso mundo, ela o atravessa, quebra as contradições, explode as pretensões, porque permite que os sonhos dos homens sejam depositados sobre ela.[60]

Boulez, por sua vez, confirmou o ponto de vista de Chéreau, insistindo no fato de que, aos seus olhos, *Lulu* era «certamente uma 'moralidade'», assim como eram as peças edificantes da Idade Média. A característica do gênero teatral da moralidade, que encenava mais alegorias do que personagens, era a de construir um espelho no qual aquele que contemplava seu próprio reflexo devia sair mudado.[61] Com relação a *Lulu*, Boulez contrastou assim dois tipos de espelhos: aqueles que devolvem ao espectador o reflexo do que ele *acredita* ser; e aqueles que lhe devolvem o reflexo do que ele *poderia* ser.[62] Não há, portanto, um espelho fiel, e é por isso que Lulu nunca é fiel a seus amantes: há apenas espelho infiel, mas uma infidelidade cuja orientação exata é possível escolher. E os espectadores da Ópera de Paris escolheram a deles.

---

60 Ibid., p. 13.

61 Cf. Armand Strubel, *Le théâtre au Moyen Âge. Naissance d'une littérature dramatique*. Paris: Bréal, 2003, pp. 96 ss.

62 Cf. Pierre Boulez, «*Lulu*, le second opéra», in *Regards sur autrui. Points de repère II*. Ed. J.-J. Nattiez e S. Galaise. Paris: Christian Bourgois, 2005, p. 239. Esse texto também estava no programa de 1979.

§ 20
Impossibilidade da verdade

O personagem principal de *Lulu* não era Lulu. Ou melhor: era duas vezes Lulu. Por um lado, havia a jovem cujo lento declínio era observado no palco; e por outro havia um retrato da tal jovem, que dava início a toda a trama, e continuava reaparecendo depois. No início de *A caixa de Pandora*, é a execução desse retrato, encomendado pelo dr. Goll, primeiro marido de Lulu, ao pintor Schwarz, que constituirá o momento inicial do trágico ciclo que conduz a jovem à morte. Na performance no Trianon-Theater, na qual Kraus deu sua palestra no prólogo, o próprio Franz Wedekind fez o papel do pintor, enquanto uma jovem atriz, Tilly Newes, fez o papel de Lulu. Algum tempo depois, Wedekind se casou com a atriz, da mesma forma que Schwarz, por uma combinação de circunstâncias que levaram à morte de Goll, tornou-se amante de Lulu.[63] Tal era o poder revelador de sua imagem: ela continuava se intrometendo na vida das pessoas, sem se importar com as fronteiras artificiais que separavam a vida da literatura, ficção ou arte. Lulu era um personagem teatral que se tornava uma pintura, depois um espelho, depois um ser vivo cuja natureza de *sinal* era impossível fingir esquecer. A jovem transformada em puta pela vontade ambígua de homens que a haviam desejado sem amá-la se tornara uma estranha realidade, com a qual apenas a censura vienense e o público burguês pareciam alarmados. Mas, ao erguer um espelho para a sociedade da época, ela também o estava erguendo para seu criador, seus intérpretes e seus exegetas – ainda que, como Wedekind, reservassem para si os papéis mais honestos. *A verdade não é uma propriedade*. Ela continua escorregando por entre dedos

---

63 Cf. Jean-Louis Besson, «Présentation», op. cit., p. 376.

de quem quer agarrá-la, dando um passo para o lado, olhando para ele em silêncio, e esperando, esperando de novo, que a luxúria desapareça. À sua maneira oblíqua, Lulu era, portanto, uma encarnação da verdade: o reflexo que ela enviava de volta àqueles que desejavam possuí-la era o reflexo da verdade – mas uma verdade que não era uma qualidade ou um bem. A verdade era apenas o momento do reflexo; era apenas o momento da imagem vazia, enviando de volta, para quem a olhava, o olhar que era seu, e que, de repente, ele pôde ver. Porque é falso que não podemos ver nosso olhar: basta se aproximar de uma puta para que de repente ela se torne visível, mas com uma visibilidade impossível, insuportável. Quando compôs *Lulu*, Berg, que era antes de tudo, como Adorno havia lembrado, um espectador, decidiu enfrentar essa impossibilidade da verdade. Portanto, ninguém deveria ter ficado surpreso que sua ópera, que pretendia ficar *aquém* da perfeição musical exigida por Schoenberg, fosse, como sabemos agora, a última ópera. A última ópera *possível*.

METAFÍSICA DA PUTA

03
James Joyce
no bordel

§ 21
Molly e moly

Quando James Joyce começou a escrever o que, em seu *Ulisses*, iria se tornar o episódio de Circe, ainda não sabia que esse capítulo seria o que lhe exigiria mais esforço. Em uma carta a Miss Weaver de 12 de julho de 1920, enviada quando já havia deixado definitivamente Trieste e acabado de se instalar em Paris, ele relatava a sua mecenas as «grandes dificuldades técnicas» que vinha encontrando.[64] Essas dificuldades, no entanto, não estavam tão relacionadas com a escrita do capítulo quanto com os desafios que, aos olhos de Joyce, este tinha de esquadrinhar: aqueles relativos ao estabelecimento definitivo de Leopold Bloom como herói. Assim como o episódio de Circe, no Canto x da *Odisseia*, tinha visto Ulisses triunfar, com a ajuda de Hermes, sobre a bruxa que havia transformado toda a sua tripulação em porcos, o capítulo equivalente, em *Ulisses*, deveria marcar a vitória de Bloom sobre as reminiscências trazidas pela visita ao bordel de Bella Cohen. Em um dos dois diagramas que Joyce desenhou para facilitar a compreensão de seu romance (o que ele havia mandado a Sylvia Beach, mas que se destinava a Valéry Larbaud), ele especificou que a técnica usada nesse capítulo era a da alucinação.[65] Ao entrar no bordel da sra. Cohen para resgatar Stephen Dedalus, que, totalmente bêbado, lá tinha entrado com Vincent Lynch, Bloom é confrontado com várias ondas de visões acusadoras. Estas são, inicialmente, visões de culpa ligadas às suas transgressões sexuais recentes; em seguida, visões envolvendo seu avô; e mais tarde, visões em que Bloom de repente se transforma

---

64 Cf. James Joyce, «Choix de lettres». Trad. fr. M. Tadié. In James Joyce, *OEuvres*. Org. J. Aubert. Paris: Gallimard, 1995, t. II, p. 902.

65 Cf. Jacques Aubert, «Note sur la présente édition», in Joyce, OEuvres, op. cit., p. LXXXIV.

em mulher. Mas, assim como Ulisses conseguiu resistir aos feitiços de Circe ingerindo uma planta dada a ele por Hermes, Bloom, invocando a imagem de Molly, sua esposa, consegue repelir as alucinações que o acossam.[66] À magia maligna das bruxas que transformava homens em porcos, Ulisses-Bloom opõe um antídoto que restaura neles a humanidade – um antídoto que, em Homero, também tinha o nome de *móli*.[67] No espírito de Joyce, a visita ao bordel se tornou assim uma espécie de viagem iniciática em direção ao centro do mundo, onde os segredos mais íntimos são guardados, e de onde, triunfando em uma prova, é possível sair aliviado do peso deles. Atravessar a porta que leva ao seu interior (que só pode ser atravessada à noite) era cruzar a porta para outro mundo – que era o inverso, ao mesmo tempo que o centro, do mundo exterior. Para muitos, esse mundo interior era o mundo da consciência, como se a interioridade se reduzisse sempre à intimidade. Na verdade, como sempre em Joyce, tratava-se, isso sim, de uma interioridade literal, em que as alucinações, como tudo mais, eram *verdadeiras*.

§ 22
No interior

Joyce conhecia muito bem o bairro dos bordéis de Dublin: ele o frequentava regularmente antes de conhecer sua companheira Nora Barnacle – e também muitas vezes depois,

---

66 Cf. James Joyce, *Ulysse*. Trad. fr. A. Morel, in Joyce, OEuvres, op. cit., pp. 485 ss.

67 Cf. Homero, *Odisseia*. Trad. Carlos Alberto Nunes. 25. ed. Rio de Janeiro: Nova Fronteira, 2015 (x, 305). Sobre a planta *móli*, ver Andréas Plaitakis e Roger Duvoisin, «Homer's Moly identified as *Galanthus nivalis L.*, Physiologic Antidote to Stramonium Poisoning», *Clinical Neuropharmacology*, 1983, v. 6, n. 1, pp. 1 ss. Ver também Richard Hellmann, *Joyce* (1982). Trad. fr. H. Coeuroy e M. Tadié. 2. ed. Paris, Gallimard, 1987, t. II, pp. 125-6.

em seus regressos à Irlanda. Era um distrito com uma reputação nada invejável, que se estendia a partir da estação de Amiens Street e englobava um monte de ruas estreitas, incluindo Mabbot Street, Purdon Street, Montgomery Street e Beaver Street.[68] O bordel da sra. Cohen, localizado no número 82 da Tyrone Street, não era uma invenção: entre as grandes figuras desse perímetro de «Monto», Joyce conhecera uma cafetina que dirigia um estabelecimento, o Becky Cooper's, nesse exato endereço. Quando ele escreveu o episódio de Circe, a venerável senhoria, entretanto, já se aposentara, e os nomes das ruas, por uma disposição política de esquecimento que permaneceu inócua por muito tempo, haviam sido alterados.[69] Nem por isso a descrição feita por Joyce era menos meticulosa: Dedalus e Lynch, escolhendo o bordel da sra. Cohen, tinham zelosamente evitado as casas frequentadas pelos soldados localizadas na primeira parte da rua. Da mesma forma, para descrever com maior riqueza as fantasias de Bloom como se mostravam a ele durante as alucinações, o escritor havia reunido uma farta documentação, tarefa para a qual pedira ajuda a vários amigos. Enquanto trabalhava em um primeiro esboço do episódio, em Trieste, no ano de 1919, aceitou o convite de uma riquíssima excêntrica desejosa de fazê-lo descobrir a correspondência sobre perversão erótica que ela acumulara durante a vida.[70] Aos olhos de Joyce, *Ulisses* era acima de tudo um romance realista – mesmo que se tratasse de um realismo estranho, incluindo em sua definição muitos elementos que a maioria dos realistas teria recusado. A jornada alucinatória de um Bloom

---

68 Sobre «Monto» na época de Joyce, ver Maria Luddy, *Prostitution and Irish Society. 1800-1940*. Cambridge: Cambridge University Press, 2007, pp. 33 ss.

69 Cf. Hellmann, Joyce, op. cit., t. i, pp. 435 ss.

70 Cf. Frank Budgen, *James Joyce et la création d' «Ulysse»* (1974). Trad. fr. E. Fournier. Paris: Denoël, 2004, pp. 265 ss.

confrontado com uma Bella Cohen que de súbito muda de sexo, como ele, não era, portanto, uma jornada simbólica: tratava-se de uma jornada concreta, e era essa própria concretude que avalizava seu efeito de transformação. Dessa maneira, as inúmeras referências à *Divina comédia* que aparecem ao longo do episódio de Circe definem uma estrutura, mais do que um significado, uma forma em vez de um conteúdo, uma experiência e não uma essência. Essa experiência era a de que *só existe verdade interior*: só há verdade na medida em que existe, de uma forma ou de outra, uma diferença entre um interior e um exterior. Mas talvez devêssemos ser ainda mais radicais: a tese de Joyce, se lermos *Ulisses* ao pé da letra, é completada por uma premissa implícita – a de que só existe interior no bordel. Para Joyce, o bordel *é* o interior.

§ 23
A representação como prova

Quando denunciou a hipocrisia das autoridades que pretendiam censurar *A caixa de Pandora* de Wedekind, Kraus pensava no caráter topográfico, até mesmo geográfico, da verdade. O que a sociedade vienense havia recusado era que pudesse ser representada, no lugar onde ela vinha se deleitando com sua própria imagem ideal, uma peça que impossibilitava esse deleite. Wedekind havia feito do teatro um bordel – e um bordel em que cada espectador que assistia à representação daquela peça de repente se tornava um cliente, mesmo que sob a forma sinistra do voyeur mais passivo. No entanto, Wedekind estava certo: todo teatro é um bordel, pois cada teatro é, à sua maneira, o cenário de uma alucinação que confronta aqueles que lá entram com uma verdade que talvez não desejem ver. *Toda representação é uma provação*: toda representação, como um jogo de espelhos, deslizamento de superfícies, teatro de imagens, é a forma pública e concreta que a interioridade assume. Entendemos melhor, então, por que Joyce havia escolhido, como palco de provação dessa interioridade, o estabelecimento da sra. Cohen: porque a puta era, a seus olhos, a atriz absoluta. Aquele que entrava em um bordel adentrava um teatro no qual, como Bloom, se tornava por instantes o único espectador – o espectador de uma representação que dizia respeito apenas a ele. No entanto, esse espetáculo privado era também o mais público: estava ao alcance de qualquer um que cruzasse a porta do número 82 da Tyrone Street. A rua, essa forma urbanizada de exterioridade, era o mundo do poder, da polícia e da violência mais estúpida, enquanto o bordel era o mundo da verdade, da interioridade e da prova transformadora. Essa é a razão pela qual as autoridades sempre quiseram negar ao bordel e às putas a virtude da interioridade e insistiam em seu caráter público no sentido mais raso: o da publicidade. Alguns anos antes de Joyce começar a escrever o episódio de Circe, Cesare Lombroso propunha a síntese dessa visão «policialesca» da prostituta, em *A mulher delinquente*.[71] A seus olhos, a prostituta era a mulher sem interioridade: ela nada mais era além de um vazio de signos, do qual apenas uma interpretação científica poderia restaurar o significado obsceno e degenerado. A maquiagem, a roupa, o assédio constituíam as diferentes formas assumidas pela espécie de semiótica do crime que poderia ser burilado ao observá-las, como se estivéssemos a fitar animais. Se a prostituta fazia sinais a seus clientes potenciais, tais gestos nada mais eram do que isto: a

---

71 Cf. Cesare Lombroso, *La femme criminelle et la prostituée* (1895). Trad. fr. L. Meille. Grenoble: Jérôme Million, 1991. Sobre Lombroso, ver Alain Corbin, Les filles de noce, op. cit., pp. 440 ss.

anulação do sentido pela publicidade – uma tese que fez de Lombroso um estranho precursor de Debord.

§ 24
Topografia da verdade

No momento em que, na Itália, Angelina Merlin apresentava, no Senado, um projeto de lei para ordenar o fechamento permanente dos bordéis herdados da Lei de Segurança Pública promulgada em 1899, houve um clamor que durou dez anos. No entanto, foi necessário esperar quase mais sete anos, e a iniciativa de uma editora de Roma, para que algo como uma inteligência dos bordéis italianos e de seu fechamento começasse a se desenhar. Em 1965, Canesi publicou um pequeno volume intitulado *Quando l'Italia tollerava*, uma antologia de textos assinados por Mario Soldati, Dino Buzzati e Giancarlo Fusco.[72] Eles formavam uma curiosa mistura de memórias e reflexões, sentimentalismo e racionalismo, na qual, no entanto, despontava um traço comum: a recusa em olhar o bordel com desprezo. A partir de 1899, quando, na Itália, foi proibida a venda de bebidas nas casas dos tolerância, estas se tornaram os dispensários hiperorganizados de um serviço que calhava de ser sexual por acidente ou transgressão. No entanto, apesar dessa implacável «clinicização» do bordel a que a Itália assistiu, ainda existia ali, antes da Lei Martin, como Soldati lembrava com uma pitada de nostalgia, algo como a possibilidade de experimentar a interioridade.[73] A antessala, cujo retrato estridente Federico Fellini pintou em *Roma*, de

---

72 Cf. Alberto Bevilacqua et al., *Quand l'Italie allait au bordel*. Trad. fr. C. Cavallera. Paris: La Différence, 2003.

73 Cf. Mario Soldati, «La porte du bonheur», in Bevilacqua et al., Quand l'Italie..., op. cit., pp. 169 ss.

1972, era o local da espera ansiosa por essa passagem para um outro mundo do qual ninguém voltava intacto – e as putas faziam ali as vezes de guias. Ao fechar seus bordéis, dez anos depois de a França tê-lo feito sob o comando de Marthe Richard, a Itália destruiu a ancoragem que eles forneciam à experiência da interioridade, que teve de se disseminar e encontrar outras formas – mas, fosse o que fosse, ela exigia que uma fresta lhe fosse deixada: até uma felação rapidinha precisa de um batente de porta. Na obra *Quando l'Italia tollerava*, alguns, como Soldati, lamentavam esse desaparecimento – enquanto outros, como Buzzati, ao contrário, viam nisso um progresso, seja ele moral ou político. Era previsível que tais reações ocorressem, mas elas ignoravam a sutileza amoral ou apolítica da experiência do bordel, o fato de se tratar sobretudo de verdade. Joyce, em sua concepção do episódio de Circe, tinha mostrado mais dignidade: ao poder subjetivo da visita à puta, ele decidira acrescentar o poder objetivo do que essa visita instaurava. No momento em que saía, acompanhado por Dedalus, da casa da sra. Cohen, Bloom havia se tornado um herói por ter percebido, em uma breve epifania, a verdade de seu amor por Molly. Mas primeiro fora necessário que a cafetina fizesse surgir nele o carnaval alucinatório de seus desejos secretos.

§ 25
A possibilidade do curto-circuito

Joyce compartilhava esses desejos à sua maneira. Em uma série de cartas de dezembro de 1909 a Dora, de quem ele era companheiro desde 1904, e com quem por fim se casou em 1931, Joyce contava sobre as fantasias ligadas a ela – e como teimavam em acossá-lo.[74] Eram fantasias de

---

74 Cf. James Joyce, *Cartas a Nora*. Trad. Mary Pedrosa. São Paulo: Massao

03 JAMES JOYCE NO BORDEL

submissão e coprofilia, que lembravam uma das fontes utilizadas por Joyce para a preparação do episódio de Circe: a obra de Sacher-Masoch.[75] Mas, ao contrário das companheiras de Sacher-Masoch, a de Joyce respondia com tepidez a seus pedidos de flagelação, preferindo aconselhá-lo a ir ver outras mulheres. Nessa época, Joyce estava em Dublin para tentar resolver uma pendência que lhe traria dinheiro, o que acabou fracassando, enquanto Dora permanecia em Trieste com os dois filhos do casal. No entanto, apesar do conselho que ela lhe dera, ele preferiu lhe assegurar que só ela poderia dar o que ele queria e, escreveu, até «mais» do que as outras.[76] Em uma carta posterior a Dora, Joyce também escreveu isto: «Pode ficar tranquila: não irei ver as ... Você me entende», como se fosse necessário acrescentar esse códex à sua profissão de fé anterior.[77] A exemplo de Bloom, a trajetória seguida por Joyce foi a de um regresso a Ítaca, um reencontro com uma forma de sobriedade amorosa depois de um breve episódio de delírio fantasioso. Quando ele se lançou à redação do Capítulo XII de *Ulisses*, será que se lembrou de seu êxtase passageiro, bem como das garantias que havia escolhido oferecer à companheira? Isso não importa. Por outro lado, a dificuldade de distinguir entre Joyce e seu personagem, a existência de um *flou* quanto ao estatuto biográfico que lhe deveria ser conferido, constituía um traço adicional do realismo que era o seu. O que importava, na possibilidade de ligar Joyce a Bloom do ponto de vista do que se poderia chamar de *constituição libidinal*, era o curto-circuito causado por ela. Da mesma forma que era necessário considerar a interioridade definida pela passagem pela porta do bordel como uma espécie

---

Ohno, 1988, pp. 54 ss.

75 Cf. Hellmann, Joyce, op. cit., t. I, pp. 437 ss.

76 Cf. Joyce, *Cartas a Nora*, op. cit., p. 66.

77 Ibid., p. 71.

de linha estrutural, a indistinção entre o autor e seu personagem sugeria que *Ulisses* não era inteiramente ficção. Havia, no episódio de Circe, uma potência maior do que a da simples *história*, fazendo da narração das alucinações de Bloom um momento de verdade como tal, superior àquela descoberta por esse último. *Ulisses* não era uma ficção: dada a implicação do autor em sua criação, era a encenação de um autêntico pensamento da verdade – um pensamento que era mais uma vez possível chamar de *metafísico*.

§ 26
Crítica à razão pública

A puta provoca um envolvimento: tal é a constatação que se faz a partir da observação do local que Joyce se dera em *Ulisses* – o mesmo lugar que o escolhido por Godard em *Une femme coquette* ou por Wedekind em *A caixa de Pandora*. A puta provoca uma implicação pois é ela que nos guia rumo à interioridade da qual qualquer obra oferece a manifestação superficial, a forma imaginária, o rosto maquiado. Desse ponto de vista, como havia compreendido Godard, obra e puta compartilham do mesmo status: oferecem apenas uma *ocasião* de passagem, que cumpre a cada um aproveitar – mas que só é possível agarrar graças a elas. Em *Ulisses*, no entanto, essa ocasião tinha um componente político: a passagem, por envolver a distinção entre o interior e o exterior, entre o privado e o público, dizia respeito à organização do espaço. A hipocrisia burguesa atacada por Kraus se tornava a hipocrisia de uma gestão da diferenciação geográfica entre o íntimo (que *deveria* permanecer em segredo) e o êxtimo (que *poderia* ser revelado a todos). De seu lado, ao se recusar a fazer da interioridade o lugar do íntimo, ao desconectar a consciência de seu suposto lugar, Joyce explicitou o quanto a consciência é que era a hipocrisia. A consciência era a arma que permitia a generalização absoluta do policiamento dos corpos – já que este último, em princípio, só deveria se preocupar com o êxtimo, com os gestos feitos no espaço público, qualquer que fosse ele. De resto, quando Bloom e Dedalus conseguem sair do bordel, Dedalus é espancado por um bando de soldados pinguços que o deixam à beira da morte na calçada. Ao fazer das meninas públicas uma oportunidade de transformação, foi esta hipocrisia que Joyce tornou visível a todos: para a polícia, é público tudo o que se pode espancar sem medo de punição. Bloom atravessava essa hipocrisia pensando em Molly no meio de suas alucinações – ou seja, pensando no presente dado a Ulisses por Hermes, o «deus das vias públicas», como Joyce escreveu um dia a Frank Budgen.[78] No episódio de Circe, a questão de saber quem desempenha o papel de Hermes é nebulosa e, em geral, evitada com o maior cuidado pelos especialistas de sua obra. Mas, se a sra. Cohen é Circe, e seu bordel é o antro onde ela transforma os homens em porcos, talvez devêssemos defender que, involuntariamente, são também ela e as putas que desempenham o papel salvador. Hermes, deus das vias públicas, não pode ser outro senão o deus das garotas públicas – desde que elas, ao contrário do que a polícia quer, deixem de ser consideradas antagonistas das *garotas privadas* para passar a ser vistas como a verdade dessas últimas.

§ 27
Como salvar o mundo

O público é a verdade do privado: o interior é a verdade do exterior – mas uma verdade invertida, invaginada, curvada à maneira de um dedo de luva, essa figura da continuidade

---

[78]   Ver Budgen, James Joyce...,op. cit., p. 254.

topológica. A história da política urbana da prostituição sempre privilegiou o *discreto*: o estabelecimento de uma solução de continuidade entre os lugares em que as putas são admitidas e aqueles onde não são bem-vindas. O bordel, como invenção histórica, é a mais famosa dessas soluções de continuidade, embora não a única: estigmas e distritos reservados também desempenharam o papel de sutura.[79] No sentido inverso, ao fazer do bordel o local de uma reviravolta, Joyce trocava o desejo de descontinuidade pela realidade de um continuum sem costura, sem sutura e sem solução. No entanto, o estabelecimento de tal continuum não equivalia ao estabelecimento de uma igualdade estrita; pelo contrário, a continuidade se tornava a condição de uma *distinção* mais sutil. O que importava dali em diante era a passagem em si – isto é, a maneira pela qual o interior se tornava o exterior; o público, privado; e o íntimo, êxtimo, como se se tratasse de um deslizamento. Essa era a verdade espacial da qual Bella Cohen, a puta metamórfica, desenhava (para quem soubesse ler) a estranha cartografia: a cartografia de um espaço inofensivo, onde se preferiam os reflexos dos tecidos foscos à qualidade das diferenças. Oitenta anos depois de Joyce, William Vollmann, ao explorar San Francisco na companhia de Henri Tyler, o detetive fracassado de *The Royal Family* [A família real], inventou um personagem que desempenhava o mesmo papel que a cafetina de Monto.[80] A Rainha de Putas, que um cliente dissimulado pediu a Tyler que encontrasse e por quem ele se apaixonou, foi, tal como aquela, uma personificação da verdade de sua cidade. Mas onde, para Joyce, essa verdade era de natureza metafísica,

---

79 Para a bibliografia sobre esse assunto, ver Amélie Maugère, *Les politiques de la prostitution. Du moyen âge au xxième siècle*. Paris: Dalloz, 2009, passim.

80 Cf. William T. Vollmann, *La famille royale* (2000). Trad. fr. Claro. Arles: Actes Sud, 2004.

para Vollmann ela é gnóstica – Joyce era um aristotélico perverso, enquanto Vollmann é um plotiniano dolorista.[81] As inversões sutis de Joyce assumem, em Vollmann, uma forma obcecada pelo fracasso absoluto do mundo, assim como pela possibilidade de redimi-lo pelo mais baixo, pelo mais atroz, pelo mais desprezado. *A Rainha de Putas é o que se precisa salvar para que o mundo seja salvo*: ela é a única figura merecedora do amor daqueles que mantêm a esperança de que a realidade não esteja inexoravelmente amaldiçoada. Porque, como visto em Bloom, o privado de Vollmann é uma pessoa para quem o amor é o único objeto digno de busca – e da abjeção que sempre o acompanha como sombra. Talvez seja então possível chamar de *princípio de amor* ao estranho continuum que une, em uma única figura, aquilo que o mundo não para de querer separar.[82]

§ 28
Quixotismo de Vollmann

Em uma entrevista concedida logo depois da publicação de *Butterfly Stories* [Histórias de borboletas], segundo volume da trilogia informal dedicada às putas, Vollmann explicou o quanto ele também as considerava *signos*. «Se eu quiser de fato saber como é a vida real em um desses países (aonde eu viajo)», ele disse, «é só pegar uma prostituta e viver com ela por um tempo. Eu vejo a vida como ela a vê. Sinto que estou fazendo algo e aprendendo algo muito rápido. Em uma semana, você aprende tanto quanto

---

81 O dolorismo é a doutrina que exalta o valor moral da dor, alçada a ponto focal da espiritualidade cristã. (N. T.)

82 Cf. Michael Hemmingson, *William T. Vollmann. A Critical Study and Seven Interviews*. Jefferson (NC), Londres: McFarland & Co, 2009, p. 40.

se tivesse ficado no hotel por um ano inteiro.»[83] No entanto, as putas de *Whores for Gloria* [Putas para Glória], *Butterfly Stories* e *The Royal Family*, bem como as de uma infinidade de outros textos curtos (e fotografias) assinados por Vollmann, são ainda mais do que isso. O conhecimento que elas oferecem não é só conhecimento turístico – um repertório de usos e costumes, lugares e momentos, gestos e palavras próprios de uma determinada sociedade. O que elas manifestam é da ordem daqueles segredos enterrados com os quais Bloom tinha de se reconciliar – assim como Tyler, em *The Royal Family*, precisava se reconciliar com a lembrança de seu amor pela esposa do irmão. A verdade da qual as putas são os signos não é *límpida*: da mesma forma que o interior ou o exterior, que o privado ou o público, o sublime e a imundície ali se espalham um no outro. A adoração de que é objeto a Rainha de Putas é repulsiva – mas é justamente essa dimensão repulsiva que atesta com mais certeza o amor que ela oferece. Por perceber o quanto está apaixonado por ela e pronto a fazer qualquer coisa para preservar o que ela personifica, Tyler aceita prontamente se humilhar diante dela e que ela cuspa em sua boca. Da mesma forma, foi necessário que Bloom se submetesse ao espectro de Bella Cohen e *desejasse* ser possuído por ela-ele para, no fim das contas, reencontrar o caminho do amor por sua mulher, apesar do adultério e da concupiscência. No caso do próprio Vollmann, tratava-se de uma realidade semelhante: como ele conta em um capítulo de *O atlas*, a primeira puta que ele tentou «salvar» era uma espécie de «dublê» da irmã que, quando criança, ele não havia conseguido salvar do afogamento.[84] Como em Joyce, a continuidade e o sórdido

---

83 William T. Vollmann, «The Write Stuff Alt-X Interview» (1994), in Hemmingson, William T. Vollmann, op. cit., p. 117.

84 Ibid., p. 8.

conectavam o autor à sua obra de maneira tão discreta quanto eram as distinções que o encontro com as putas tornava impossíveis. Estava aí, de certo modo, o *quixotismo* de Vollmann – semelhante ao do herói doente de *Whores for Gloria*, que buscava ressuscitar uma Dulcineia imaginária nas putas que perambulavam pelas calçadas do distrito de Tenderloin.[85]

§ 29
Excursus sobre a paródia

Mais ou menos na época em que Vollmann publicou *The Royal Family*, Julián Ríos começava a escrever um dos ensaios mais singulares de sua farta produção no gênero: *Quijote e hijos* [Quixote e filhos].[86] Nessa «genealogia literária» da obra de Cervantes, Ríos dedicou dois capítulos inteiros a Joyce e a Ulisses, que ele apresentava como uma «paródia» comparável a *Dom Quixote*. Ríos não foi o primeiro a traçar esse paralelo – aliás, não hesitava em reconhecer isso, atribuindo a Raymond Queneau a autoria de sua formulação mais radical. «Um continuador francês de Joyce, também dado a exercícios de estilo», escreveu, «Raymond Queneau defendia, em síntese implacável, que todas as grandes obras da literatura são Ilíadas ou Odisseias. E indicava, dando como exemplos *Dom Quixote* e *Ulisses*, que as mais abundantes são as Odisseias.»[87] *Ulisses* era uma paródia da *Odisseia*, da qual, como acontece com qualquer paródia, o romance de Joyce

---

85 Sobre tudo isso, ver Olivier Lamm, «Mille visages de l'amour», *Mémoire universelle*, n. 1, 2011, pp. 25 ss.

86 Cf. Julian Ríos, *Quichotte & Fils. Une généalogie littéraire*. Trad. fr. A. Bensoussan e G. Duchêne. Auch: Tristram, 2009.

87 Ibid., p. 55.

reaproveitava a estrutura apenas para tirar dela uma lição que seria seu oposto, sua cópia ou seu reflexo no espelho. Mas talvez fosse preciso ir mais longe: dado que toda paródia é uma imagem distorcida reveladora, por sua deformação, da deformação ainda mais profunda do que ela reflete, era possível argumentar que aquilo de que se tratava em *Ulisses* era o real do qual a *Odisseia* oferecia a versão imaginária. Assim como *Dom Quixote* oferecia a última palavra, melancólica e confusa, em se tratando das novelas de cavalaria, *Ulisses* punha o ponto final, ainda que de forma alegre e anárquica, na busca *mortalmente séria* do herói de Homero. No capítulo de *Quijote e hijos* que intitulou «Ulises y la tía Josephine», Ríos desenvolveu mais longamente esse tema, evocando o que chamava de caráter «cifrado» ou «codificado» de *Ulisses*.[88] De fato, um número ou um código é, na maioria das vezes, o modo de aparecimento da verdade: uma verdade como a encontrada por Bloom na casa da sra. Cohen quase sempre aparece sob a forma de um segredo invisível para quem é seu guardião. Sendo assim, da mesma forma que Joyce era Bloom, e Bloom, Joyce, quem abre *Ulisses* se torna tanto Joyce quanto Bloom – embora o segredo seja, em cada caso, diferente. O modo de aparecimento da verdade como código é o que une autor, personagem e leitor em um *continuum* em que se espalham íntimo e êxtimo, privado e público, dentro e fora. O segredo de *Ulisses é o seu* segredo: é o segredo daquele que está enredado nos *distinguo* jesuíticos da polícia da cidade e aspira a finalmente sair dali, mesmo que seja, como Vollmann, por baixo. Ao traçar a distinção entre a metafísica das novelas de cavalaria e a física de Cervantes, Ríos não dizia outra coisa: a cifra da verdade é a cifra do real – e o real, como dizia Jacques Lacan, machuca.[89]

---

[88] Ibid., pp. 67 ss.
[89] Ibid., p. 72. Sobre a distinção entre real e realidade em *Dom Quixote*, ver

03 JAMES JOYCE NO BORDEL

§ 30
O bordel do real

Durante o seminário que, no ano letivo 1975-76, ele dedicou a Joyce, Lacan propôs uma distinção entre o que chamava de «sintoma»[90] e o que, por contraste, escolheu chamar de «*sinthoma*».[91] Era uma distinção um tanto bizantina, da qual os comentaristas sempre tentaram reforçar o caráter binário – embora seu interesse repousasse justamente nesse bizantinismo, como muitas vezes acontece com Lacan. Em ambos os casos, o que estava em questão era um signo: tanto o «sintoma» quanto o «*sinthoma*» remetem à possibilidade de uma verdade da qual eles formariam a ponta-indicial, ou melhor, o gancho inesperado. O sintoma é um anzol: é o que fisga a curiosidade na direção de algo maior, mais complexo e mais *nebuloso* do que ele – o mesmo vale para o «*sinthoma*». Mas, ao passo que o sintoma remete a um conhecimento possível (todo sintoma é sintoma de uma doença), o «*sinthoma*» acenaria antes a um lapso ou a uma espécie de desenquadramento: ou seja, a um adensamento do mistério. *Há algo acontecendo* – e esse algo, por mais vago, por mais indeterminado que seja, provoca uma súbita e dolorosa irrupção de verdade: tal poderia ser a definição do «*sinthoma*». Para Lacan, a verdade como dito e não dito, como obscuro objeto de um desejo que ela não para de provocar e que sempre se recusa a satisfazer, é o outro nome da Mulher. A Mulher é esse real inexistente contra

---

Laurent de Sutter, «The Quixote Principle, Or, Cervantès as a Critique of Law», *Law and Literature*.

90, vol. 26, n. 1, 2014, pp. 117-26   No original francês, «*symptôme*» e «*sinthome*», ou seja, um binômio com diferenças de grafia e pronúncia mais marcadas do que seu correspondente na tradução consagrada para o português. (N. T.)

91   Cf. Jacques Lacan, *O Seminário, livro 23. O sinthoma*. Org. J.-A. Miller. Trad. Sérgio Lima. Rio de Janeiro: Zahar, 2007, passim.

o qual não paramos de nos chocar na busca pela verdade
– essa colisão é o único tesouro que nos será permitido
levar, uma vez concluída a busca na morte. Mas talvez
Lacan devesse ter sido mais específico: a Mulher a quem
se refere, que encarna ao mesmo tempo o real e a verdade
que ele sustenta, não é qualquer uma. Essa mulher é a puta
– aquela que habita o que, se Lacan estiver certo ao dizer
«[a] única coisa que há de real é o limite de baixo», seria
preciso chamar de *bordel do real*.[92] O bordel é o lugar do
real em um mundo atravessado pelo imaginário – isto é,
totalmente estruturado pelas distinções imaginárias feitas
pela polícia em nome de uma realidade que é apenas isto:
um substantivo. Como Vollmann formulou, esse lugar
só pode ser mundano; como Ríos entendeu, é o lugar da
paródia da realidade; e, como Joyce percebeu, é o lugar
da continuidade. *O bordel é a paródia da cidade* – e é isso
que, desde sempre, tem se mostrado insuportável a todos
aqueles para quem só há verdade ordenada, só há tempo
normatizado, só há espaço dividido. *O bordel é onde as
coisas acontecem*, seja qual for o prédio, o quarto ou o
batente de porta em que, por um instante fugaz, alguém
encontre uma puta.

---

[92] Ibid., p. 117.

04
Autobiografia de um cliente

§ 31
A vigésima terceira puta

Um dia, em junho de 1996, Chester Brown teve uma conversa com sua então namorada – uma conversa durante a qual ela anunciou que se apaixonara por outra pessoa. No entanto, ela perguntou a Brown se poderiam continuar morando juntos; e, depois, se poderia trazer seu novo namorado para o apartamento que dividiam. Ele aceitou tudo. Ocorre que, dois anos mais tarde, em junho de 1998, ele decidiu dar um basta – aliás, Brown chegara a um ponto em que a simples ideia de compartilhar sua vida com uma namorada parecia inútil, sem sentido. Um ano se passou. Depois de considerar a ideia por vários meses, Brown, então com 39 anos, decidiu tentar se relacionar com uma puta pela primeira vez na vida. Simples e doce, a experiência o fez querer bis – o que se estendeu até janeiro de 2004, quando passou a ter relações com apenas uma, chamada Denise, que por sua vez aceitou tê-lo como único cliente. Em 2011, Brown publicou um romance gráfico em que relatou essa estranha reviravolta em sua vida, que, na época em que desenhou o livro, ainda não estava concluída, já que ele ainda «vivia» com Denise.[93] Tratava-se de um romance gráfico na linha dos trabalhos que haviam feito sua fama: de uma frieza glacial, uma mistura de racionalismo puro e primazia absoluta do verbo, aliada a uma fragilidade inesperada. No prefácio que assinou para *Pagando por sexo* (tal era o título da história em quadrinhos), Robert Crumb descreveu Brown como um extraterrestre, um indivíduo que ele não tinha bem certeza de que fosse deste mundo.[94] Havia algo disso

---
93 Cf. Chester Brown, *Pagando por sexo*. Trad. Marcelo Brandão Cipolla. São Paulo: WMF Martins Fontes, 2012.

94 Cf. Robert Crumb, «Introdução», in Brown, Pagando por sexo, op. cit..

na forma como auscultava, com a meticulosidade de um filatelista louco, os afetos que suas relações com os outros, com as mulheres e com o sexo despertavam nele. Mas também no processo de avaliação ao qual tudo – o corpo das putas, a qualidade de seu desempenho, os argumentos a favor ou contra a prostituição etc. – parecia ser submetido quando se tratava dele. *Pagando por sexo*, bem como a história em quadrinhos que ele antes havia dedicado a sua paixão juvenil pela pornografia (*O Playboy*), era, de alguma forma, a versão desenhada de um relatório científico.[95] Entretanto, como reconheceu o próprio Brown, nada era mais distante desse objetivismo do que as pulsões incompreensíveis que o levavam às putas e os encontros às vezes tocantes que elas provocavam. Havia algo em sua história que escapava a toda razão – mas que precisava ser descrito com os instrumentos da razão para deixar ver, pela ausência daquela, uma presença sutil.

§ 32
Objetividade da subjetividade

Dentre as muitas figuras que cruzam *Pagando por sexo*, há vários outros desenhistas, moradores de Toronto como Brown, e que compartilham seu desejo de explorar a autobiografia no gênero do romance gráfico. *Pagando por sexo* foi dedicado a um deles: Joe Matt – também autor de vários livros que exploram suas próprias impossibilidades e suas próprias contradições em matéria de sexualidade.[96] Como Matt, que ele apresentava como sua

---

95 Cf. Chester Brown, *A Playboy* (2001). Trad. Flávio Fragoso. São Paulo: Conrad, 2001.

96 Cf. Joe Matt, *Strip-tease* (1987-1992). Trad. fr. P. Paringaux. Paris: Seuil, 2004; Id., *Le pauvre type* (1996). Trad. fr. V. Bernière. Paris: Delcourt, 2008; Id., *Épuisé* (1998). Trad. fr. V. Bernière. Paris: Delcourt, 2010; etc.

principal inspiração, Brown usava um traço neutro e contínuo, constituindo uma linha clara tão pouco expressiva que cada quadrinho acabava se parecendo com o anterior. Os elementos que permitiam distinguir os personagens eram reduzidos a uma *sinalização* básica: cabelos curtos ou longos, lisos ou cacheados, cortados assim ou assado. Entretanto, no prefácio, seguindo suas intenções objetivistas, Brown teve o cuidado de deixar claro que, embora tivesse escolhido fazer com que os rostos das prostitutas fossem impossíveis de reconhecer, ele havia em paralelo tentado dar conta de suas diferenças corporais com a maior fidelidade possível.[97] A experiência da puta é de fato a experiência de uma singularidade: é a experiência de um insubstituível – caráter que decorre da combinação única de qualidades de cada puta. O objetivismo reivindicado por Brown é, portanto, um subjetivismo: é o olhar de tal homem sobre tal e tal mulher – o único capaz de dar conta da verdade da experiência da puta. Mas o subjetivismo não significa que se trate exclusivamente de uma experiência «subjetiva»: pelo contrário, o que a empreitada de Brown torna perceptível é justamente o fato de *que não há nada mais objetivo do que o olhar subjetivo*. A autobiografia, o racionalismo e o objetivismo são todos instrumentos a serviço de uma nova ciência da verdade que só aceita considerar esta última como aquilo que nasce de um olhar ou de uma experiência. Ou melhor: que só aceita considerá-la como o que surge do olhar sobre o corpo de uma puta ou da experiência fugaz de sua companhia – bem como de seu preço. *A verdade é uma narrativa*: uma narrativa para a qual é necessário inventar os meios que permitam ali produzir essa suspensão da razão cuja presença, brilho ou reflexo o leitor de *Pagando por sexo* percebia. No caso de Brown, essa narrativa era a

---

97   Cf. Brown, *Pagando por sexo*, op. cit., p. VIII.

da descoberta progressiva do funcionamento de seu próprio desejo, do modo como este se compartimentava em impulsos e em fantasias, gostos e necessidades. *Pagando por sexo* era o protocolo da descoberta progressiva de que a verdade subjetiva que pulsava no âmago de sua obra era sobretudo a *verdade de um sujeito*.

§ 33
Elementos de pragmática plotiniana

Quatrocentos e cinquenta anos antes do rompimento de Brown e sua namorada, publicou-se em Florença um panfleto intitulado *Sobre a infinidade do amor*.[98] Sua autora, Tullia d'Aragona, que se radicou na cidade de Cosimo di Médici depois de temporadas em Roma, Veneza, Ferrara e Siena, era uma das maiores cortesãs de sua época. Quando seu *diálogo sobre a infinidade do amor* foi publicado, ela acabara de ser processada por se recusar a portar o véu amarelo que a lei da cidade exigia que usasse para sinalizar a todos sua profissão. Cosimo a indultou sem delongas, aparentemente sensível aos muitos talentos da *poetessa* – mas também, ao que parece, porque os círculos humanistas insistiram que ele o fizesse. À imagem de outras putas ao longo dos tempos, Tullia foi uma dessas novas musas que, na Itália renascentista, contribuíram para o refinamento dos usos e costumes defendido pelos humanistas. Muitos, aliás, figuravam entre os «clientes» de Tullia – inclusive fazendo dela personagem de suas próprias obras, como Sperone Speroni, que, cinco anos antes de ela publicar seu próprio diálogo, a pôs em cena em seu

---

98 Cf. Tullia d'Aragona, *Sobre a infinidade do amor*. Trad. Karina Jannini. São Paulo: Martins Fontes, 2001.

Dialogo d'amore [Diálogo de amor].[99] *Sobre a infinidade do amor*, em que Tullia também se dava o papel principal, diferia do diálogo de Speroni na medida em que, de jovem ouvinte dos ensinamentos de um sábio, ela passava agora a um tipo de *agente provocador*. Reunidos em torno dela por uma noite, o grande poeta e erudito Benedetto Varchi e um dos admiradores sieneses de Tullia, Lattanzio Benucci, testavam as teses sobre o amor então debatidas em Florença. Varchi, encarnação por excelência do humanismo florentino, inteiramente atravessado pelo sopro do neoplatonismo plotiniano popularizado por Marsílio Ficino, defendia com ardor uma versão simplificada daquelas, fazendo diante de Tullia as vezes de um Sócrates. Ela, por sua vez, com uma afabilidade muitas vezes temperada de ironia, contentava-se em fazer perguntas que o encurralavam e o forçavam a regressar constantemente à realidade dos corpos, do desejo e do amor — aos amantes, e não às almas. Sem perceber, Varchi se via obrigado a mudar de rota, a aceitar concessões, e mesmo, no fim das contas, a dar razão à cortesã, inventando de maneira involuntária uma espécie de *plotinismo pragmático*. Mas não eram tanto os argumentos apresentados por Tullia que o haviam obrigado a modificar suas posições: era sobretudo o *tom* da conversa, o sorriso sedutor e a graça dos gestos que acompanhavam as palavras dela. Contra tudo isso, afinal, ele estava indefeso.

---

[99] Ibid., pp. 10-1. Sobre cortesãs e suas relações com os círculos humanistas na Itália renascentista, ver Paul Larivaille, *La vie quotidienne des courtisanes en Italie au temps de la Renaissance (Rome et Venise, xvème et xvième siècles)*. Paris: Hachette, 1975, pp. 95 ss. Sobre o caso de Florença, ver também Richard C. Trexler, «La prostitution florentine au xvème siècle: patronages et clientèles», *Annales esc*, ano, n. 6, 1981, pp. 983 ss.

§ 34
Da razão como estupidez

Talvez possamos elaborar desta maneira: enquanto Varchi tentou convencer com palavras, Tullia venceu com gestos – enquanto tentou convencer pela *retórica* da razão, ela triunfou pela *persuasão* do desejo.[100] Por muito tempo, nada parecia mais abominável: o fato de a razão poder ser derrotada pela paixão era considerado uma mácula da qual a humanidade um dia teria de se livrar. O triunfo da paixão sobre a razão decorria de uma fraqueza culpada, que conduzia a humanidade a extremos aquém de sua capacidade – em suma: a paixão nos tornava estúpidos. Mas o que se urdia no *diálogo* de Tullia era o oposto exato: era a paixão que nos tornava inteligentes; era ela que permitia à razão ir além de seus limites e preconceitos. Por atordoar a razão, o desejo era o que a empurrava em direção à verdade, mesmo que se tratasse de uma verdade que ela *teria gostado* de não precisar levar em conta. Existe, sim, um desejo da razão – mas é um desejo frustrado, um desejo que busca seu próprio cancelamento em procedimentos cujo motor solitário e fantasmático é a organização metódica, a classificação. O desejo despertado por Tullia, por outro lado, era um desejo de desorientação: um desejo de fazer da razão o agente de uma desordem e de uma indeterminação daquilo que antes se apresentava ordenado e delimitado. A arte da conversa burilada pela cortesã era a arte do arabesco e da sinuosidade, cuja geometria não parava de se esquivar das investidas da razão – como a coquete não deixa de fintar as aproximações daquele cujo

---

[100] Sobre a distinção entre «persuasão» e «retórica», ver Carlo Michelstaedter, *La persuasion et la rhétorique* (1910). Trad. fr. M. Raiola. Combas: L'Éclat, 1989. Para um comentário, ver Massimo Cacciari, «Interprétation de Michelstaedter» (1986), in *Drân. Méridiens de la décision dans la pensée contemporaine*. Trad. fr. M. Valensi. Combas: L'Éclat, 1992, pp. 63 ss.

desejo ela atiça. *Há uma razão maliciosa*, que é a razão das putas e que se opõe à razão rasa e monolítica dos clientes, dos quais ela se vale com mais destreza do que se fossem peões no tabuleiro de um jogo de xadrez. Essa também era a situação de Brown, que, conversando com um amigo ao fim de seu período putanheiro, se viu forçado a se render ao óbvio e a admitir que, qualquer que fosse o rigor dos argumentos racionais com os quais ele tentava guiar sua vida, ainda assim tinha se apaixonado por Denise.[101] No início do último capítulo de *Pagando por sexo*, intitulado «Return to Monogamy», ele tentou comparar os méritos de Denise com os de outra puta, chamada Millie. Embora Millie fosse sem dúvida mais «interessante» do que Denise, era dessa última que ele lembrava – sem outra explicação além de um quadrinho preto com a data do telefonema que selaria seu destino.[102] A loucura de Brown o levara a concluir sua estranha busca, cujo alvo final não era outro senão ele mesmo.

§ 35
O que nunca teremos

Passar um tempo com uma puta é passar um tempo consigo mesmo – como, segundo já dissemos, alguém passaria um tempo diante de um espelho: ali estamos nus, confrontados com nosso próprio reflexo, e obrigados a nos haver com nosso próprio desejo. Passar um tempo com uma puta é sair dos trilhos da ordem pela qual um ser humano tenta constituir o narcisismo algo ingênuo que lhe permite não desabar a cada esquina. Foi essa experiência balbuciante que Brown viveu ao perceber que

---

101 Cf. Brown, *Pagando por sexo*, op. cit..
102 Ibid.

estava inapelavelmente apaixonado por Denise; assim foi também a experiência de Varchi diante das perguntas sedutoras de Tullia. Em ambos os casos, um homem descobriu a verdade sobre si mesmo que se recusava a admitir, e que, no entanto, definia o que *ele era*, seja qual for o significado dessa expressão. O encontro com a puta tornava impossível dar prosseguimento a uma existência que aspiraria a ser governada pela razão, como se se tratasse de um tema *a ser resolvido*. Pelo contrário, a verdade está no abandono dessa regra pela qual a vida finge ser governada; ela está na perda de orientação dessa regra diante do inefável esplendor de um corpo fugazmente encontrado. Em «Psicologia do coquetismo», artigo publicado em duas partes na revista *Der Tag*, em 11 e 12 de maio de 1909, Georg Simmel tentou desenhar o mapa desse atordoamento que pode ser causado pelo encontro com um corpo.[103] Para Simmel, esse corpo era o da faceira: o da mulher que, embora dando a impressão de que se entrega, sempre preserva «uma derradeira restrição secreta de sua alma», que ela apenas deixa adivinhar.[104] É esse quase-nada removido da possibilidade de posse que é o objeto do desejo e, portanto, a causa do atordoamento por ele produzido – *já que é ele que nunca teremos*. Muito mais do que a arte do mundano, o coquetismo é a arte da puta, já que esse quase-nada nunca fica tão explícito quanto no momento em que acreditamos tudo possuir. *Porque nunca se possui uma puta*. Ao contrário, a puta é o «impossuível»: ela é a encarnação da impossibilidade de possuir o que quer que seja, quando a posse é o objeto que o desejo se dá (ou sonha se dar). Diante dessa impassibilidade de

---

103 Cf. Georg Simmel, «Psicologia do coquetismo», in *Filosofia do amor*. Trad. Paulo Neves. São Paulo: Martins Fontes, 1993. Este artigo constitui o derradeiro desenvolvimento de uma reflexão iniciada em 1890 em Simmel, *Psychologie des femmes*. Trad. fr. F. Joly. Paris: Rivages, 2013, pp. 116 ss.

104 Cf. Simmel, «Psicologia do coquetismo», op. cit.

posse, a única reação, do ponto de vista do racional, seria a loucura, como aquela em que se perdem, um após o outro, os amantes de Lulu na peça de Wedekind. Mas uma reação irracional também é concebível: a de Brown, que acaba por gaguejar seu amor; a de Varchi, que abandona suas ideias em favor das de Tullia; ou aquela do homem vítima da mulher faceira de que falava Simmel, e que só encontrará sua verdade quando se abandonar ao jogo em que ela é, a um só tempo, senhora e objeto – e senhora *porque* objeto.

§ 36
Assustar a realidade

Quando publicou *Pink*, a autora de mangás Kyoko Okazaki sofreu uma série de críticas, ligadas ao fato de que a jovem puta cujas aventuras eram descritas em seu mangá parecia fazer pouco caso de sua condição.[105] Em vez de apresentá-la como uma jovem atormentada, Okazaki preferiu desenhá-la despreocupada, vivendo na companhia de um crocodilo e gastando todo o seu dinheiro em roupas e presentes. Quando um dia sua heroína decidiu ter uma paixonite pelo jovem amante de sua madrasta, um menino sentimental e meio bobo que sonhava em ser escritor, foi também com desapego que ela o deixou desorientado. Embora ela não fosse culta e se preocupasse mais com a confeitaria do que com poesia, não lhe deixou escolha: se impôs sem que ele pudesse responder nada – e nem sequer resistir. Porque, como Brown em *Pagando por sexo*, o jovem Yoshino se apaixonou no mesmo instante por aquela jovem irritante e provocadora, que virou sua vida

---

105 Cf. Kyoko Okazaki, *Pink* (1989). Trad. fr. M. Bach e M.-F. Monthiers. Tournai: Casterman, 2007.

de cabeça para baixo e *nem fazia o tipo dele*. Os críticos que apresentavam ressalvas ao mangá de Okazaki por sua falta de páthos foram incapazes de entender por que, ao contrário do que consideravam mais verossímil, aquele era o mais fiel dos retratos. Talvez não se tratasse de um *mangá documentário* – mas era ao menos um *mangá estrutural*: um mangá estruturado em torno da ideia de que a verdade de um cidadão se daria no encontro inquietante com uma puta. O realismo estampado por Okazaki era um realismo superior: um realismo que se lixava para a verdade documental a fim de favorecer algo que devemos chamar, mais uma vez, de verdade *metafísica*. Porque, como em relação à coquete de que falou Simmel, foi com um «quase-nada» que a autora de mangás assinalou a perturbação da ordem do real causada pela pequena Yumi – por meio dos binóculos que, sem nunca dizer uma palavra, seu crocodilo empunhava ao longo do mangá. *Ao perturbar o desejo de um cidadão pelo quase-nada do seu «impossível», o que a puta perturba é toda a ordem da realidade:* tal é seu verdadeiro poder ontológico. Ao mesmo tempo que perturba a ordem social do trabalho e do dinheiro, ou até a ordem policial do espaço, ela perturba a ordem individual do cidadão, permitindo a ele acessar, no colapso dessa ordem, uma ponta de real descolada dessa realidade. Em tributo a Simmel, chamaremos esse poder ontológico da puta de «princípio do coquetismo»: só há verdade na perturbação de uma ordem – e só há verdade quando o motor dessa perturbação é o desejo. Essa é a razão pela qual, da mesma forma que na psicanálise, é tão importante *pagar* uma puta. A partir do momento em que, na ordem das coisas, o dinheiro é o instrumento de uma posse impossível, ele é também a medida do que não se pode possuir.

§ 37
O preço do verdadeiro

Toda verdade tem um preço. Não há verdade que seja gratuita – que esteja livremente disponível, cuja apropriação dependeria da simples vontade de cada um. *A verdade se paga*, mesmo que o preço que se deva pagar por ela não ofereça nenhuma informação quanto ao seu valor: toda verdade custa, mesmo que seja a mais sórdida, a mais insignificante ou a mais criminosa. Quando decidiu, em sua «Proposição de 9 de outubro de 1967 sobre o psicanalista da escola», intitular «passe» o procedimento de credenciamento dos membros de sua escola de psicanálise, Lacan não se esquecera disso.[106] O «passe» é uma modalidade de transmissão de uma verdade que nenhum programa, nenhum manual e nenhum regulamento jamais conseguirá comunicar sem que um preço seja pago. É por isso que o procedimento do passe, na Escola de Lacan, foi decretado aleatório: apenas o acaso de um encontro é capaz de levar consigo uma parte dessa verdade a ser transmitida. Da mesma forma, só o acaso de um encontro pago com uma puta pode levar consigo algo como a verdade do desejo daquele que faz a abordagem: o passe é o momento em que a verdade se paga. Disso se deduz necessariamente que todo psicanalista é uma puta? Sem dúvida. Mas é ainda mais certo que toda puta, quer ela queira ou não, e quer ela saiba ou não, pratica todos os dias aquilo com que a psicanálise pode apenas sonhar. Na psicanálise, o analisando busca a impossível verdade que estrutura seu desejo – até o ponto sempre possível em que, desejando se tornar psicanalista, ele vira objeto de um passe aleatório.

---

[106] Cf. Jacques Lacan, «Proposição de 9 de outubro de 1967 sobre o psicanalista da escola», in *Outros escritos*. Trad. Vera Ribeiro. Rio de Janeiro: Zahar, 2003.

No encontro com uma puta, por outro lado, o cliente não procura mais: ele deve *encontrar*, caso não queira voltar para casa frustrado por tê-la melindrado (se ela não for compreensiva). Entrar em um bordel ou trazer uma puta em casa é concentrar anos de psicanálise em um segundo ínfimo – um segundo ao fim do qual se deve ser formular uma resposta à seguinte pergunta: *Che vuoi?*, «O que você quer ?».[107] A essa resposta, toda puta propõe uma espécie de eco: outra resposta, que concentra a importância que o cliente está disposto a dar à verdade de seu desejo – resposta de uma só palavra: *tanto*. É tanto para não me possuir; é tanto para perder o equilíbrio; é tanto para poder olhar seu reflexo em um espelho – é tanto para, por alguns minutos, experimentar o real. Simmel, aliás, nos lembrava disso: a coquete é cara, pois o que ela tem a oferecer é muito mais do que o que possui e jamais cederá, mesmo que quisesse – porque é o *próprio fato de não ceder que não tem preço*. O princípio do coquetismo é um princípio de pura despesa: é o princípio que fixa o preço daquilo que não tem.

§ 38
O que é um sujeito?

Num dia da primavera de 1961, os irmãos Raymond e Robert Hakim, à época produtores de Godard, propuseram-lhe dirigir uma adaptação de um romance policial assinado por James Hadley Chase: *Eva*. Fora Jeanne Moreau quem havia sugerido aos dois irmãos comprar os direitos do romance de Chase, depois de tê-lo descoberto por

---

[107] Cf. Jacques Lacan, «Subversão do sujeito e dialética do desejo no inconsciente freudiano», in *Escritos*. Trad. Vera Ribeiro. Rio de Janeiro: Zahar, 1998.

sugestão de Jean Cocteau, com quem ela havia acabado de trabalhar em uma montagem de *A máquina infernal*.[108] O romance contava a história de uma puta de alto escalão que arruinava a vida de seu melhor cliente, um escritor alcoólatra apaixonado por ela, mas incapaz de satisfazer suas exigências financeiras delirantes.[109] Moreau sonhava viver esse papel. Alguns meses antes, ela tinha conversado com Godard sobre isso, antes de se dirigir aos irmãos Hakim, a quem o projeto entusiasmou de imediato. Mas Godard não conseguiu dar uma resposta à altura. O projeto fracassou, antes de ser assumido por Joseph Losey, que filmou, em Veneza, no inverno do mesmo ano, uma versão cruel da história, na qual cada imagem exalava desespero e crueldade. Esse veneno era uma das modalidades de aparecimento da verdade: a verdade como monstro frio, a deixar na carne e na alma uma ferida tão indelével quanto incompreensível. Quando o preço do desejo é alto demais, como era o caso para Tyvian Jones, o escritor alcoólatra interpretado por Stanley Baker, essa verdade pode ser até fatal. Sua esposa, Francesca, ao constatar a própria impotência para libertá-lo de sua obsessão, chegará ao suicídio; quanto a Jones, vai se transformar cada vez mais em trapo humano. No primeiro volume de *Cinema*, Deleuze fez de Losey, ao lado de Von Stroheim e Buñuel, um dos três grandes «naturalistas» da história do cinema – ou seja, um dos três diretores a ter atingido o que ele chamou de «a pureza da imagem-pulsão».[110] A peculiaridade de Losey, acrescentava, era que o «mundo das pulsões e o meio dos sintomas» em que estavam presos os

---

108 Cf. Baecque, *Godard*, op. cit., pp. 186-7.

109 Cf. James Hadley Chase, *Eva, a tal mulher*. Trad. Clara d"Oli. São Paulo: Distribuidora de Publicações, 1969.

110 Cf. Gilles Deleuze, *Cinema 1 – A imagem-movimento*. Trad. Stella Senra. São Paulo: Ed. 34, 2018, p. 160.

personagens de Losey, na verdade, só diziam respeito aos homens. As mulheres, como Eva, ofereciam uma possibilidade de saída – como se, escreveu Deleuze, elas estivessem «mais adiantadas que o meio, revoltadas contra ele»: como se elas encarnassem o além, o lado de lá.[111] Como Jeanne Moreau entendeu de bate-pronto, Eva na verdade não era um monstro; o monstro era Jones, incapaz de perceber que seu desejo era grande demais para ele, e assim causando, com seu infortúnio, o de sua esposa. Mas também incapaz de tentar estar à altura desse desejo – e, por exemplo, de escrever os livros que talvez lhe permitissem pagar Eva. Incapaz de se tornar o escritor que ele era. Incapaz, se assim preferirmos, *de se tornar algo como seu próprio tema*.

§ 39
Elogio da autoficção

Ao se lançar, seguindo seus amigos Seth e Joe Matt, no romance gráfico autobiográfico, Brown havia proposto um protocolo possível para o devir-sujeito de um escritor. *Pagando por sexo* ia ainda mais longe: no decorrer de suas aventuras putanheiras, sugeria que todo devir-sujeito obedecia a um protocolo semelhante ao seu. *Não há sujeito que não seja autoficcional*: não há sujeito que seja outra coisa além da invenção perpétua de uma narração desdobrada em uma multiplicidade de encontros.[112] Para Brown, visitar uma puta oferecia a quintessência de qualquer

---

[111] Ibid.

[112] Douglas Wolk propôs uma definição do devir-sujeito apresentada na obra de Chester Brown como devir-outsider. Ver Douglas Wolk, *Reading Comics. How Graphic Novel Works and What They Mean*. Filadélfia: Da Capo, 2007, pp. 147 ss. Dever-se-ia ler aqui: não há sujeito que não seja autoficcional, então não há sujeito que não seja um outsider.

encontro – pois o desnorteamento que então se experimentava era a única maneira de se entender como sujeito verdadeiro. Em *La règle du je* [A regra do eu], ensaio que dedicou a seu projeto de autoficção, Chloé Delaume não dizia outra coisa: só existe «eu» se esse «eu» tiver uma história.[113] E esta, quando envolve o encontro com uma puta, é sempre a história de uma verdade – ao mesmo tempo a verdade de um sujeito, frequentemente desprezível, e de um objeto para sempre soberano. Brown era um tipo de sociopata cuja sensibilidade se mostrava incapaz de ter uma percepção mais do que elementar do que é o amor, salvo quando imposto, de maneira involuntária e indireta, por Denise. É preciso reconhecer: na economia da relação deles, Denise era efetivamente um objeto, enquanto Brown era um sujeito; não havia, entre eles, igualdade nem equivalência. Brown pagava a Denise para ser seu único cliente porque, ao que tudo indica, estava apaixonado por ela; quanto a Denise, conforme reconhecido pelo próprio Brown, ela só viu nele uma espécie de amigo um pouco especial. O único a ganhar em intensidade real foi Brown – já que ele era o único a vivenciar, na relação deles, algo como uma experiência de sujeito. Ao menos, foi o único a produzir uma narrativa que atestava essa experiência, oferecendo à leitura a cartografia dos pontos que definiam a trajetória de seu devir. Alguns acharam isso insuportável. Uma relação em que apenas uma das duas partes parece se beneficiar foi por muito tempo a própria definição de exploração e da violência a ela ligada. Mas talvez devêssemos ver as coisas de outra forma e aceitar considerar que a verdade de um sujeito nunca deriva de uma epifania passível de ser compartilhada.

---

113 Cf. Chloé Delaume, *La règle du je. Autofiction: un essai*. Paris: PUF, 2010, passim. Chloé Delaume contou sua experiência como puta em *Les mouflettes d'Atropos*. Tours: Farrago, 2000.

Tornar-se sujeito só acontece a uma pessoa por vez, a um indivíduo de cada vez – porque não há encontro que não seja ao mesmo tempo um mal-entendido, nem verdade que não seja também seu oposto.[114] Encontrar uma puta é experimentar uma queda: a da mística do encontro e a da mística da verdade – e fazê-lo cada um por si, perdendo a experiência do outro.

§ 40
Intensidade e verdade

Dever-se-ia imaginar a verdade como aquilo que resiste à sua própria constituição: como o momento em que a plenitude de tudo *se recusa* a se afirmar quando, entretanto, é ela que está sendo experimentada. Conhecer uma puta é um desses momentos. A experiência que se tem de sua própria verdade como sujeito nesse instante é a experiência de que esse sujeito é apenas uma espécie de epifenômeno do encontro, um efeito colateral temerário e instável. Talvez isso explique por que os clientes das putas, na hora em que as deixam – e sem que consigam prevê-lo –, podem atingir picos tão elevados de euforia ou abismos tão profundos de desespero. *Algo sempre acontece* quando uma mulher sedutora cruza nosso caminho – algo que, como o *quase-nada* que ela protege de toda posse, é tão poderoso quanto infinitesimal. Poderíamos tentar delimitá-lo dizendo que é algo intrínseco ao atordoamento, no sentido de que esse atordoamento é tudo que se pode afirmar que experimentamos da verdade. *A verdade é o atordoamento*: o atordoamento é a experiência da verdade do sujeito – a única experiência de que há um sujeito e de

---

114 Cf. Slavoj Žižek, *Enjoy your Symptom! Jacques Lacan in Hollywood and out*. 3. ed. Londres: Routledge, 2008, pp. 158-9.

que esse sujeito não é nem indiferenciado nem um qualquer. Eis por que essa verdade é sem conteúdo e sem substância. Ela nada mais é do que a estrutura vazia de uma experiência – ou melhor: a *intensidade* dessa estrutura de experiência. Assim como a verdade é paga em espécie na hora em que o objeto do desejo é negociado, ela se dá, seja qual for sua origem, como forte ou fraca, positiva ou negativa, bonita ou feia. *Não existe verdade neutra: só existe verdade intensa*. Mas essa intensidade não pode ser controlada; ela é a consequência inesperada do encontro – a euforia ou o desespero do cliente que não entende por que essa ou aquela emoção o subjuga ao se despedir de uma puta. Essa incompreensão, esse caráter inesperado são o que *faz* a verdade: são seus efeitos principais, o halo mais ou menos estendido que é também a única coisa que, no ser humano, pode ser chamada de «sujeito». O sujeito, então, não é grande coisa: um pedaço de história relatando um encontro perturbador com uma puta; uma fantasia sexual paga por tal ou tal preço; ou ainda um afeto mais ou menos intenso. Mas, se isso não é grande coisa, é pelo menos suficiente para justificar que, desde tempos imemoriais, os homens tenham escolhido ir ao encontro das putas – em busca de algo que nada tem a ver com um simples alívio. Porque a verdade nunca alivia. Às vezes, acontece de ela alegrar – mas, com mais frequência, ela só faz entristecer: uma tristeza que pede uma coragem ímpar ou um desejo excepcional para, de tempos em tempos, tentar superar.

05 Manifesto peripatético

§ 41
A Glorificação

Era uma noite de abril de 1957. Em Londres, o Arts Theater apresentava uma nova peça de Jean Genet, a primeira em quase dez anos: *O balcão*, com mise en scène de Peter Zadek, que já tinha montado *As criadas*.[115] De forma surpreendente, o autor, que havia, entretanto, assistido ao ensaio geral do espetáculo, estava ausente – na verdade, o acesso ao teatro lhe fora proibido pelo diretor do espetáculo. Durante o ensaio geral, Genet se revoltara contra a maneira como a peça havia sido montada, comentando com violência cada movimento, cada figurino, cada elemento do cenário. Sobretudo, seu texto tinha sofrido diversas mutilações, exigidas por lorde Chamberlain, o ministro do Interior, sob pena de a obra de Genet ser censurada – mutilações que haviam sido aceitas por Zadek. Alguns dias depois, de volta a Paris, Genet convocou uma conferência de imprensa de que o jornal *L'Express* publicou a essência, e sobre a qual Genet se gabaria no prefácio da segunda edição de sua obra, em 1962: «Como representar *O balcão*».[116] A peça, que contava a vida em um bordel em meio a uma tentativa de revolução que acabara abortada, havia sido compreendida por Zadek como uma sátira dirigida contra as grandes instituições do Estado, das quais cada membro aparecia como um cliente do bordel. Ora, explicou Genet aos jornalistas reunidos para sua conferência de imprensa, não se tratava de nada disso: *O balcão* não se queria a caricatura mais ou menos desdenhosa, mais ou menos violenta de um estado do mundo político ou administrativo.

---

115 Cf. Edmund White, *Genet: uma biografia*. Trad. Alves Calado. Rio de Janeiro: Record, 2003. Ver também Jean Genet, *Théâtre complet*. Org. M. Corvin e A. Dichy. Paris: Gallimard, 2002, pp. 1149 ss.

116 Cf. Jean Genet, «Como representar O balcão», in *O balcão*. Trad. Jacqueline Castro e Martim Gonçalves. São Paulo: Abril Cultural, 1976.

O fato de a peça se passar em um bordel não era uma *metáfora* visando descrever de maneira indireta uma *realidade* social; era um *dispositivo metafísico* por meio do qual alguma coisa como uma verdade pudesse ser percebida. Essa verdade, acrescentava Genet, era a da ilusão: o bordel mantido por madame Irma, escreveu ele em «Como representar *O balcão*», é o lugar «da glorificação da Imagem e do Reflexo» – é o «teatro da ilusão».[117] Zadek não havia compreendido esse ponto, assim como Peter Brook quando, dois anos após a estreia londrina, montou a peça no Théâtre du Gymnase, dirigido por Marie Bell, que se reservou o papel principal. Hans Lietzau, que encenou *O balcão* no Schlosspark-Schiller Theater de Berlim em 1961, ou José Quintero, que montou a peça em Nova York em março de 1960, não foram também poupados pela crítica de Genet. Foi necessário esperar a montagem de Antoine Bourseiller, embora detestada por quase toda a crítica, para que o autor acabasse por estabelecer uma relação harmoniosa com uma representação de sua peça.[118]

§ 42
Estética da superatuação

Em uma carta sem data dirigida a Bourseiller, mas que Genet lhe enviara sem dúvida na primavera de 1969, o dramaturgo entregava àquele diretor o que era talvez a chave da visão que ele alimentava sobre sua peça: «Toda representação teatral, todo espetáculo é um encantamento», escreveu ele. E continua:

---

117 Ibid.
118 Genet, Théâtre complet, op. cit., pp. 1150 ss. Roland Barthes, entre outros, também criticou a direção de Brooks. Ver Roland Barthes, «Le Balcon» (1960), in *OEuvres complètes*, t. I: *1942-1961*. Org. E. Marty. 2. ed. Paris: Seuil, 2002, pp. 1057-8.

O encantamento de que falo não tem necessidade de espelhos, de tecidos suntuosos, de móveis barrocos: ele está em uma voz que se quebra sobre uma palavra – quando deveria se quebrar sobre outra –, mas é preciso encontrar a palavra e a voz; o encantamento repousa em um gesto que não está em seu lugar naquele instante; está no dedinho que se enganou; quando um ator de Nô, motorista de táxi robusto, se disfarça diante do público, pega o leque de uma certa maneira (falsa), *deixa os ombros caírem* para a frente e se torna, com uma evidência que causa arrepios, a primeira mulher xintoísta etc.[119]

Mais tarde, em 1981, em uma entrevista sobre *O balcão* em uma revista de teatro, Bourseiller testemunhou sem equívoco que a alusão ao teatro Nô não lhe escapara. «A única maneira que ele [Genet] gostaria que fosse montado *O balcão* é que a peça fosse superinterpretada, quase declamada na visão, na estética. Que a encenação se aproximasse do desenvolvimento ritual do Nô.»[120] De fato, quando Genet enviou sua carta a Bourseiller, ele acabava de voltar de sua segunda viagem ao Japão – uma viagem durante a qual consagrara o essencial de seu tempo a se interessar pelas lutas estudantis que abalavam o país. Mas, se ele havia preferido investir nessas lutas, não esquecera o choque que tinha sentido dois anos antes, quando, em sua estada anterior no Japão, assistira a seu primeiro espetáculo de Nô. Esse choque tinha sido tão intenso que ele planejara a redação de uma obra na qual o Nô ocuparia um lugar importante, obra que só existe nos dias atuais sob a forma de um apanhado de notas que permanecem até hoje

---

119 Jean Genet, «Lettres à Antoine Bourseiller», in *Théâtre complet*, op. cit., p. 903. O itálico é de Genet.

120 Antoine Bourseiller, «Sur *Le Balcon*», *Masques*, n. 12, inverno 1981-82, pp. 44 ss., apud Michel Corvin e Albert Dichy, «Notice», in Genet, *Théâtre complet*, op. cit., p. 1152.

inéditas.[121] Essas notas, como muitas vezes acontece com Genet, misturavam de maneira íntima dois importantes temas de meditação: o do excesso feérico e o da contenção hierática – dos quais o Nô realizava uma impressionante síntese. O Nô propunha, segundo ele, uma retórica da ilusão na qual a superatuação se tornava o único modo possível de acesso à verdade do que era encenado, o único modo de acesso possível ao que era sentido, pelo qual a verdade se dava. O bordel, por ser o lugar da superatuação, devia por sua vez ser superencenado, para que pudesse se desenrolar a roda das ilusões que faz dele um teatro dentro do teatro, uma peça na peça e uma ilusão na ilusão. O bordel é *um teatro de Nô*: tal era de certa forma a lição que Genet desejava comunicar, e que Bourseiller é o primeiro a compreender e, em seguida, a pôr em cena.

§ 43
Teoria do Yûgen

Quando, em 1374, o futuro xogum Yoshimitsu Ashikaga assistiu a um espetáculo interpretado pelo ator Kiyotsugu Kan'ami, convidou-o de imediato a se unir à sua corte – para grande escândalo desta última. De fato, Kan'ami não era um ator que praticava a nobre arte da música (*gagaku*) ou da dança (*bugaku*) que na época estavam em vigor nos círculos aristocráticos, como os do futuro xogum. Sua arte, ao contrário, vinha das práticas populares conhecidas sob o nome de *sarugaku*, uma espécie de pantomima cômica cujo nome poderia ser traduzido como «espetáculo do macaco». Na corte de Ashikaga, Kan'ami desenvolveu uma versão muito elaborada do *sarugaku*, integrando nela danças e cantos tirados do

---

121 Cf. White, Genet, op. cit.

mundo do *gagaku* – síntese da qual ensinou os preceitos a seu filho Motokiyo Zeami. Depois da morte do pai, em 1384, Zeami sucedeu-o junto ao xogum, e iniciou a redação de um conjunto de opúsculos relatando as regras formuladas por seu pai, misturadas à sua própria experiência de ator. Durante mais de quinhentos anos, esses opúsculos foram transmitidos de maneira secreta, do maior ator de uma geração a seu sucessor – até que acabaram por ser publicados em 1909. O mais importante desses opúsculos, o *Fûshi kaden* (ou «Transmissão da flor e do estilo»), definia o ideal que governa a prática do Nô: o ideal do *yûgen* – o «charme sutil» ou a «elegância tranquila».[122] Foi desse ideal que Genet provou a epifania, em 1969, quando, fascinado pelo ator principal da «jornada» à qual ele assistia, este, se dando conta de sua fascinação, lhe deu de presente seu leque.[123] O *yûgen*, como esclarecia Keami no *Fûshi kaden*, se prende inicialmente à «graça» juvenil do corpo de um ator muito jovem: o *yûgen* é uma qualidade que se manifesta de maneira privilegiada a partir dos doze ou treze anos. Pode também ser uma qualidade possuída de maneira natural por certas damas (*nyôgo* ou *kôi*, ou seja, as esposas imperiais de segunda ou terceira ordem), pelas elegantes, as jovens ou aquelas que Keami chamava de as «espécies em flor». Mas, se é uma qualidade natural, o *yûgen* deve se tornar, para o ator de Nô, objeto de treino a cada instante – um «processo» (o termo é de Keami) que este deve aprender a desenvolver a fim de se adaptar aos gostos do público, que espera disso o espetáculo e a emoção.[124] Para Keami, o *yûgen* era uma coisa: era o artifício

---

122 Cf. René Sieffert, «Introduction», in Zeami, *La tradition secrète du nô*, suivi de *Une journée de nô*. Trad. fr. R. Sieffert. Paris: Gallimard, 1960, p. 53.

123 Cf. White, Genet, op. cit.

124 Cf. Zeami, La tradition secrète du nô, op. cit., pp. 65, 98 ss.

supremo – e um artifício cuja supremacia dependia de sua própria artificialidade, como se o mais sutil só pudesse ser encontrado no mais fabricado. O *yûgen* era a superatuação, mas uma superatuação tão extrema que atingia ao mesmo tempo a quintessência da graça e a quintessência da sutileza: a quintessência do «mistério» e a quintessência da «obscuridade».

§ 44
A verdade é uma flor

Havia um outro traço do Nô que sem dúvida não deixava Genet indiferente: o fato de a relação mantida pelos atores com seu público ser designada pela palavra *hana* («flor»). Da mesma forma que as «espécies que dão flor» constituíam a categoria natural do que detém *yûgen*, os atores deviam cultivar sua *hana*, seja ela a beleza do corpo jovem ou a arte consumada do mestre. A «flor» é o efeito do *yûgen*: é o nome dado à «graça sutil» quando ela se manifesta de maneira perfeita – ou, mais do que o efeito, ela é a influência: a forma como o espectador é afetado. No *Fûshi kaden*, Zeami parafraseava esse efeito descrevendo-o como *omoshiroki koto*, quer dizer, como o «charme interessante» ou o «charme insólito», como traduzido por René Sieffert. A «flor» é a experiência feita por um espectador do insólito no sentido do «que surpreende e subjuga o espectador por sua raridade» – uma experiência que é a do encantamento, no sentido de ser encantado por, ou estar sob o encantamento do autor.[125] Em *Diário de um ladrão*, Genet havia descrito sua própria trajetória de prostituto como uma forma de se tornar flor – como a transformação elaborada de si em uma «flor de

---

125 Cf. Sieffert, «Introduction», op. cit., p. 52.

abjeção».[126] Quando ele pôs em cena as moças do bordel de madame Irma, era nessas flores de abjeção que ele pensava, e é delas que acreditou ter encontrado a arte nos atores de Nô. O labor ritualizado da pantomima exprimindo a graça sutil de uma «flor» era o próprio labor da puta – aquele pelo qual ela atingia a verdade de todas as coisas. *O balcão* era, aliás, a história do desenrolar de tal ritual e da integração progressiva de todos em seu desenvolvimento, mesmo aqueles que, como o chefe da polícia, permaneciam excluídos (ou que, como Roger, o revolucionário, fingiam dele se excluir). Entrar no bordel de madame Irma era aceitar participar de um ritual que constituía a própria verdade: era tudo o que havia a captar porque ele era tudo, simplesmente. *A flor era a verdade*: a ilusão era o verdadeiro – ou melhor, o verdadeiro era um efeito ilusório, mas cujo caráter ilusório representava toda a força, toda a potência de uma experiência. A puta que se torna flor e que, assim, faz nascer a ilusão do encantamento é a mestre do teatro ritualizado pelo qual toda verdade se torna possível, ou melhor, sensível. A puta não é apenas o rosto de uma verdade (política, econômica, artística ou mesmo ontológica) que lhe seria estranha: ela *é* a verdade como tal – ela é seu corpo metafísico.

---

[126] Cf. Caroline Daviron, *Elles. Les femmes dans l'oeuvre de Jean Genet.* Paris: L'Harmattan, 2007, pp. 95 ss.

§ 45
Sartre o vampiro

No livro grandioso e malevolente que escreveu à guisa de prefácio às *Obras completas* de Genet, publicadas em 1952, Jean-Paul Sartre já evocava a «tensão da alma em direção ao além do verdadeiro» que caracterizava o enfoque daquele autor.[127] Pois o verdadeiro para Genet, explicava Sartre, não era nada além do que aquele do «pensamento intimidante, cerimonioso, oficial dos adultos, dos policiais, dos homens de bem»: era o verdadeiro como polícia ou como ordem – um verdadeiro que se recebe sem ter permissão para fazê-lo, um verdadeiro que nos é «comunicado» como uma sentença.[128] Ao se voltar em direção às putas, era essa ideia de uma ordem ou polícia do verdadeiro que Genet havia recusado, privilegiando o que Sartre chamava «a operação» em detrimento do que, por contraste, poderíamos chamar de a «situação».[129] Existe uma operacionalidade do verdadeiro, um regime de operações sem o qual não é possível que haja verdade – um regime de operações do qual as putas são ao mesmo tempo o lócus, o rosto e o motor. Para Sartre, tratava-se de um regime de operações que tendia ao «Mal», ao Vazio como ideia contrária ao Ser, mas um «Mal» sempre inalcançável, impossível de olhar de frente, de situar no eixo do olhar. O «Mal» de Genet, esse conjunto de operações do qual as putas formavam o miolo da engrenagem, era uma espécie de verdade que, escrevia Sartre, não se podia «ver senão

---

[127] Cf. Jean-Paul Sartre, *Saint Genet, comédien et martyr*. Paris: Gallimard, 1952, p. 22 [ed. bras.: Saint Genet: ator e mártir. Trad. Lucy Magalhães. Petrópolis: Vozes, 2002].

[128] Ibid., p. 47.

[129] Ibid., p. 87.

do canto do olho», à maneira de uma paralaxe.[130] Não havia erro: visto que a paralaxe é um efeito de superfície, ela representa bem o regime escorregadio da verdade instaurado por Genet – seu caráter fluido e efêmero, alcançável unicamente no momento de sua fruição. Mas no que Sartre se enganava era quando considerava que essa *metamorfose do Mal* acabava por ser reabsorvida na transformação progressiva do ladrão, que começara por ser Genet, em escritor ou poeta. Ler *Saint Genet, ator e mártir* é de fato fazer a experiência de uma lenta queda, ou de um lento amolecimento – como se o escritor que Genet se tornara representasse um tipo de tapa-buraco do ladrão e da puta que ele fora antes. Do resto, ele se dava conta. Durante vários anos, tetanizado pelo livro de Sartre, Genet foi incapaz de escrever uma nova linha; apenas em 1955 ele se atrelou à redação simultânea de *O balcão, Os negros* e *Os biombos*. Em vez de atestar a impotência do escritor em que se metamorfoseara Genet, Sartre a organizara: ele havia vampirizado a potência metafísica própria à obra de Genet para impedir que o veneno se espalhasse e obscurecesse a sua. Mas de toda forma ele fora o primeiro a perceber: toda obra de Genet é mesmo uma metafísica – toda a sua obra é mesmo uma meditação sobre a *flor do verdadeiro*.

§ 46
A comédia como perversão

Desde o momento em que foi publicado o texto de *O balcão*, por Marc Barbezat, com uma magnífica capa de Alberto Giacometti, e ainda mais quando a peça foi

---

130 Ibid., p. 187. Sobre a noção de «paralaxe», ver Slavoj Žižek, *A visão em paralaxe*. Trad. Maria Beatriz de Medina. São Paulo: Boitempo, 2008 View. Cambridge (MA): MIT Press, 2006, passim.

montada, sua potência metafísica atingiu os maiores pensadores da época. Na aula do dia 5 de março de 1958 de seu seminário consagrado às «formações do inconsciente», Lacan consagrou um longo desenvolvimento à peça de Genet, que ele via como uma espécie de eco tardio da arte cômica de Aristófanes.[131] Ora, sabemos que a comédia tal como Aristófanes a praticara é o que falta à *Poética* de Aristóteles: é a parte da filosofia peripatética que nunca conseguiu ser formulada – ou cuja formulação foi perdida. A comédia é o gênero pelo qual a poética do peripatetismo filosófico deixou de se completar, para dar livre curso a outro tipo de peripatetismo, que, como havia compreendido Sartre, se pode nomear «metafísico». Para Lacan, *O balcão* era a encenação da perversão que conduzia a fazer do mundo um bordel – da mesma forma, era a encenação simultânea da solução para esse bordel, que seria a castração simbólica.[132] Como Sartre, que havia preferido compará-lo às obras de Sade, Lacan percebera o quanto o teatro de Genet era um teatro da perversão da ordem, como *efeito original* da filosofia e de suas operações de pensamento. As operações metafísicas das quais as putas eram as *agentes* eram operações de perversão da ordem filosófica: uma maneira de substituir o efeito de ordem, que na filosofia é sempre a verdade, por outro efeito – o efeito de desordem. *A flor do verdadeiro é perversão da verdade.* Mas talvez fosse necessário ir ainda um pouco mais longe e tentar descrever, da mesma forma que Deleuze em *Apresentação de Sacher-Masoch*, as modalidades operacionais da perversão: a maneira como a perversão produz um efeito de verdade. Deleuze era claro: só existe perversão da lei – e essa perversão é a do fundamento sobre o qual a lei finge repousar,

---

131 Cf. Jacques Lacan, *O Seminário, livro 5. As formações do inconsciente.* J.-A. Miller. Trad. Vera Ribeiro. Rio de Janeiro: Zahar, 1999, pp. 273 ss.

132 Ibid., p. 275.

fundamento do qual nos damos conta, pelo próprio movimento da perversão, que é sem fundo (Deleuze dizia «infundado»). A perversão é a substituição por um Mal sem fundo de um Bem sem fundamento pelo qual a lei finge ser fundada: ela é a demolição do Bem pelo camarada do Mal – se preferirmos, é seu estupro.[133] Para Lacan, a perversão não designava mais do que um traço clínico próprio a tal ou tal personagem, embora, considerada em seu sistema de operações, sua potência excedesse em muito à do diagnóstico clínico. Considerar, como ele havia sugerido, *O balcão* como uma comédia era avaliar esta última como a encenação de uma perversão mais ampla, da qual o corolário era o seguinte teorema: *a verdade é estruturada como uma perversão.*

§ 47
Antifilosofia da puta

Em 26 de janeiro de 2013, Alain Badiou deu, no grande anfiteatro da Sorbonne, uma conferência retumbante, cujo título original era *Image du temps présent* [Imagem do tempo presente], mas que foi publicada sob o título de *Pornographie du temps présent* [Pornografia do tempo presente].[134] Tratava-se de uma meditação sobre o triunfo das imagens na época contemporânea, meditação cujo «guia», como dizia Badiou, era a peça de Genet. À maneira de

---

[133] Cf. Gilles Deleuze, *Sacher-Masoch*: o frio e cruel. Trad. Jorge Bastos. Rio de Janeiro: Zahar, 2009 . Sobre a questão do «estupro», ver Gilles Deleuze, «Lettre à Michel Cressole», in Michel Cressole, *Deleuze*. Paris: Éd. Universitaires, 1973, p. 111 (incluído em Gilles Deleuze, «Carta a um crítico severo», *in Conversações, 1972-1990*. Trad. Peter Pál Pelbart. São Paulo: Ed. 34, 1992, p. 14). Para um comentário, ver Laurent de Sutter, *Deleuze. A prática do direito*. Trad. Murilo Duarte Costa Corrêa. Ponta Grossa: Ed. UEPG, 2019.

[134] Cf. Alain Badiou, *Pornographie du temps présent*. Paris: Fayard, 2013.

04 AUTOBIOGRAFIA DE UM CLIENTE

Lacan, Badiou via em *O balcão* um revelador: o teatro das ilusões de que falava a peça provocava, quando comparado ao mundo contemporâneo, um fenômeno de precipitação. Mesmo que Genet não cessasse de protestar contra os usos explicativos que era possível elaborar a partir de sua criação, Badiou não temeu propor um novo – mas que tinha a vantagem de repousar sobre as declarações do próprio dramaturgo. A «glorificação da Imagem e do Reflexo», da qual *O balcão* se queria a encenação, podia com justeza receber o nome que Badiou desejava lhe dar: o de «pornografia». Aliás, *Pornographie du temps présent* era mesmo uma meditação sobre a perversão da verdade – ou melhor: sobre a queda da Ideia e de seu desejo na infinita proliferação dos Reflexos e de sua fruição. Se era possível perceber na obra o fantasma de Lacan, outro fantasma atravessava a leitura de *O balcão* proposta por Badiou: o de Sartre, que havia sido, como Genet repetira frequentemente, seu primeiro mestre. Da mesma forma que Sartre, Badiou, no fundo, desconfiava de Genet: a «glorificação da Imagem e do Reflexo» revelava a seus olhos uma forma de «Mal» similar àquele que Sartre via operar na vida e na obra do escritor. Onde Genet não cessava de querer produzir novas imagens, Badiou defendia que, ao contrário, era necessário «*désimager, désimager*» para enfim chegar ao real, quer dizer, ao verdadeiro.[135] Mas, lendo a peça de Genet como um sintoma, como um revelador, é a radicalidade de seu gesto perverso que Badiou acabava por esquecer, apesar de toda a sua admiração tanto pelo homem como pela obra. Pois a perversão da lei é, por excelência, perversão da Ideia, assim sendo, da filosofia: é o gesto antifilosófico supremo, aquele que destrói a Ideia para *mostrar* o buraco que se situa em sua fundação. A dança das putas, na peça de Genet, é a dança das ilusões como perversão do real, a dança dos

---

135 Ibid., p. 23.

reflexos como perversão da Ideia – ou seja, a dança da
pornografia como perversão da filosofia. Posto que a realidade é estruturada como uma perversão, decorre disso que
a pornografia não poderia ser seu contrário; conclui-se que
a verdade é pornográfica.

§ 48
As galinhas de Giacometti

No momento em que publicou a segunda edição de *O balcão*, Genet trabalhava em outro texto, que foi publicado
em 1963 junto com a terceira edição de sua peça, a saber: *O ateliê de Giacometti*.[136] Genet tinha encontrado
Giacometti no Flore durante a Segunda Guerra Mundial,
e ficara logo impressionado pela estranheza hierática
que parecia envolver cada gesto do escultor de quem se
tornara amigo.[137] *O ateliê de Giacometti* era uma espécie de poema, misturando reflexões líricas e trechos de
diálogo, como se se tratasse de duas vertentes da mesma
forma ausente. Desde o início de seu texto, Genet esclarecia que «é a obra de Giacometti, creio, que torna nosso
universo ainda mais insuportável, pois parece que esse
artista soube afastar o que perturbava seu olhar para descobrir o que restará do homem quando as máscaras forem
retiradas».[138] Ao mesmo tempo, Giacometti introduzia
no universo falsas aparências novas (as encarnadas por
suas obras) – e as anulava por um puro clarão metafísico, denunciando-as como contrafações. Era isto que era
insuportável para Genet: o fato de que, diante dele, seu

---

136 Cf. Jean Genet, *O ateliê de Giacometti* (1963). Trad. Célia Euvaldo. São Paulo: Cosac Naify, 2000.

137 Cf. White, Genet, op. cit., pp. 276 ss.

138 Genet, *O ateliê de Giacometti*, op. cit., p. 12.

próprio projeto de «glorificação das imagens e dos reflexos» corria o risco de perder o que, a seus olhos, fazia sua urgência. Mas uma anedota surgida quando ele dialogava com o escultor restaurou sua confiança rapidamente: de súbito, Giacometti começou a falar de «putas» com a crueza de quem a carne das mulheres não amedronta. «Quando caminho pela rua», disse ele a Genet, «e vejo ao longe uma puta vestida, só vejo uma puta. Quando ela está no quarto, nua, na minha frente, vejo uma deusa.»[139] A nudez, como resultado do despojamento das falsas aparências, não dava origem a uma realidade que as rebaixasse; ao contrário, cedia lugar à sua transfiguração em uma imagem superior. Dissipar as falsas aparências para alcançar a nudez do verdadeiro era descobrir uma imagem mais forte, mais pura e mais divina – uma imagem que, mais precisamente, seria uma imagem de *glória*. Mais longe, Genet comentaria:

> [Giacometti] Lamenta o desaparecimento dos bordéis. Penso que tiveram – e a lembrança deles ainda tem – um lugar primordial em sua vida para que não se fale disso. Creio que os frequentava quase como adorador. Ia lá para ajoelhar-se diante de uma divindade implacável e longínqua. Entre cada prostituta nua e ele havia talvez a mesma distância que cada uma de suas estátuas sempre estabelece conosco.[140]

A pornografia da verdade era a pornografia da arte e da criação: pornografia da invenção de toda nova imagem – *a pornografia era a poética do reflexo* e, pelo fato de ser poética do reflexo, poética da verdade.

---

139   Ibid., pp. 18-9.
140   Ibid., pp. 65-6.

§ 49
O que flutuar quer dizer

A poética do reflexo da qual Genet havia tentado propor uma representação teatral – quer dizer, da qual ele havia tentado construir o *aparelho de percepção* – era uma poética da abstração. Ou melhor: era uma poética da flutuação, do distante, do fluido, como o era a distância paradoxal pela qual a superencenação do teatro Nô reencontrava a sutileza suprema do ideal de *yûgen*. Mas essa poética, no Japão, atuava além do teatro Nô: atravessava também a representação do reflexo que constituíam os *ukiyo-e* – as «imagens do mundo flutuante».[141] A arte japonesa da estampa era de fato uma arte construída em torno de uma espécie de comentário da distância que separava o bloco de madeira gravada do papel sobre o qual este imprimia uma imagem. Não apenas os *ukiyo-e* eram construídos segundo uma técnica flutuante, mas também tinham por alvo um mundo que o era da mesma forma: o mundo dos atores de *kabuki* e das putas. Quando Hishikawa Moronobu, no meio do século XVII, desenvolveu a técnica do que viria a ser os *ukiyo-e*, foi sobre as atividades do distrito reservado de Yoshiwara que ele se voltou para recolher seu primeiro material.[142] As autoridades municipais de Edo haviam aberto Yoshiwara em 1617, próximo a Nihonbashi, antes de transferi-lo de maneira definitiva, em 1657, para perto do templo de Asakusa, mais afastado do centro de Edo.[143] A invenção do *ukiyo-e* é indissociável da abertura desse distrito reservado, a maior

---

141 Cf. Gabriele Fahr-Becker, *L'estampe japonaise*. Trad. fr. A. Berthold. Cologne: Taschen, pp. 7 ss.

142 Ibid., pp. 12-3.

143 Cf. Jean Cholley, «Introduction», *Courtisanes du Japon*. Org. J. Cholley, in *Manuels de l'oreiller. Érotiques du Japon*. Arles: Philippe Piquier, 2002, pp. 611 ss.

parte das estampas produzidas ao longo dos dois séculos seguintes tendo sobretudo por objeto aqueles que aí residiam ou que o frequentavam. O «mundo flutuante», de que os *ukiyo-e* propunham a imagem, era portanto o mundo transitório dos prazeres, para o qual o distrito de Yoshiwara oferecia uma espécie de ancoragem geográfica. Quando, em 1794, Utamaro Kitagawa publicou na Tsutaya Jûzaburô a série das *Seirô jûni toki tsuzuki* (As doze horas das casas verdes), foi ainda em Yoshiwara que ele foi buscar sua inspiração. Nesse ínterim, ele havia introduzido um desenvolvimento novo na arte da estampa *bijin-ga* («imagens de mulheres belas»), da qual os retratos das cortesãs formavam a maior parte: o do formato em *ôkubi-e* – quer dizer, o dos retratos em close-up.[144] Entretanto, a introdução desse novo formato não visava aumentar o realismo dos retratos que ele apresentava à curiosidade do público; ao contrário, tratava-se de exprimir neles, de uma maneira mais sutil do que nos retratos de corpo inteiro, o ideal de beleza escondido em cada rosto. Os retratos propostos por Utamaro eram, de alguma forma, os retratos de máscaras flutuando na superfície dos rostos como sua verdade íntima.

§ 50
Pornografia da verdade

Sem o saber, a arte das máscaras desenvolvida por Utamaro foi ao encontro de um movimento fundamental da história da pintura ocidental: o movimento pornográfico. A origem desse movimento é atribuída a Parrasio de

---

[144] Cf. Fahr-Becker, L'estampe japonaise, op. cit., pp. 17 ss. Sobre «As doze horas das casas verdes», ver Utamaro, *Les douze heures des maisons vertes, et autres beautés*. Org. N. Vandeperre e C. Kozyreff. Paris: Hazan, 2011.

Éfeso, que a tradição, segundo Plínio, o Velho, considera ter inventado a pornografia, se observarmos a etimologia da palavra, a saber, «pintura de prostitutas».[145] Acontece que Parrasio, de quem a celebridade, no século v a.C., era superior à de qualquer outro pintor (mesmo Zêuxis), tinha por amante uma certa Teodota, conhecida como cortesã. Em suas horas vagas, o pintor pintava sua amante nua, e não temeu mostrar o resultado – provocando, vários séculos mais tarde, a cobiça de Tibério, que colecionava tudo o que Parrasio havia pintado.[146] Assim, a pornografia nascia ao mesmo tempo que a filosofia: ela nasceu ao mesmo tempo que o início do diálogo entre verdade e imagem que por muito tempo assombrou a humanidade como uma maldição. Em uma passagem dos *Memoráveis*, Xenofonte pôs em cena esse diálogo na forma de uma conversa entre Parrasio e Sócrates sobre a arte da pintura.[147] O que se percebe hoje, depois de Genet ou Godard, Joyce ou Berg, é que o diálogo era de fato um monólogo, e que a verdade nada mais era do que uma imagem – e uma imagem de puta. Mas, para isso, era necessário partir ao encontro das próprias putas: era necessário pagar por um serviço sexual pondo à prova o sujeito que cada indivíduo tenta se tornar. Era preciso pagar para se dar conta de que o preço era o preço de todo trabalho, que a violência que o acompanhava é a de todo poder, e que a Beleza que dele nascia é a mesma de toda arte. A puta é uma imagem, uma máscara, um reflexo cuja intensidade faz vacilar todas as instâncias que creem poder apagá-la como se se tratasse de uma mentira ou de uma ilusão. Pois, como explicava Genet em *O balcão*, a ilusão é exatamente o que

---

145 Cf. Pline l'Ancien, *Histoire naturelle. Livre xxxv*. Org. J.-M. Croisille. Paris: Les Belles Lettres, 1985 (xxxvi, 11).

146 Cf. Pascal Quignard, *Le sexe et l'effroi*. Paris: Gallimard, 1994, p. 1.

147 Ibid., pp. 50 ss.

não podemos dispensar, sob pena de perder o que ela é
– quer dizer, o próprio lugar da verdade. As putas são as atrizes da verdade, essa verdade cuja natureza é a de ser antes de tudo pornográfica: a imagem de uma inaceitável ilusão – a imagem de uma perseguição. Perseguir as prostitutas, como nunca deixaram de fazer as civilizações que se consideravam avançadas, correspondia, por via de consequência, a perseguir essa verdade em nome da qual a perseguição delas era operada. Sem dúvida era algo previsível. Não há nada que a humanidade deteste mais do que a verdade quando o reflexo que esta devolve de si é uma imagem que não corresponde aos ideais que ela se dá para melhor traí-los. Podemos enfim concluir e submeter ao leitor uma última tese, a tese derradeira: as putas são os mais metafísicos de todos os seres humanos. E talvez sejam os únicos. Eis por que causamos a elas tanto mal.

METAFÍSICA DA PUTA

Coda

§ 51
Retorno a Hamburgo

Quando Bukowski deixou Hamburgo, a lembrança das putas que ele cruzara sob a chuva acabou por se apagar, para não mais subsistir a não ser no poema que o escritor havia consagrado a elas. Mas a experiência metafísica da qual as putas lhe haviam oferecido o caminho continuaria a assombrá-lo ainda por muito tempo – pois ele era um homem da verdade. Não se pode trapacear com a verdade: pode-se apenas tentar destruí-la, como não cessam de fazer, com a maior violência, as forças policiais do mundo inteiro. Uma tal destruição, entretanto, é impossível: a verdade é o que o desejo de sua prescrição faz aparecer da maneira mais crua e mais límpida. Tornar a vida das putas insuportável como se elas fossem seres humanos, cidadãs, mulheres de segunda classe, não tem outro efeito. A cada vez que uma medida policial é tomada, que torne mais complicado o que já é assim, é a ignomínia do que subentende essa medida que se manifesta em toda a sua maldade estúpida. Pois tais medidas são estúpidas tanto quanto são maldosas – pois que são medidas antes de tudo dirigidas a elas mesmas, a essa verdade insustentável que as putas apontam. É certo que criamos doces visões, e que havíamos imaginado a verdade como um sonho de glória. As putas nos mostram, por sua presença e por seus gestos, e também pela perseguição que sua presença e seus gestos suscitam, que isso era um capricho de infância. A verdade não é uma luz que ilumina o mundo com o esplendor de sua evidência; ela é, ao contrário, o que obscurece essa evidência, a confunde, a anula. *A verdade é o que amedronta a evidência* – ela é a inadmissível ilusão cuja evidência deve ser percebida para chegar à conclusão de sua própria vaidade e violência. A emoção que tomou conta de Bukowski, sentado no fundo do carro que o levava a seu hotel, era essa emoção: a verdade não é nada se não for o *tornar-se não evidente da evidência*. Se ela não for uma maneira de perceber que o que considerávamos evidente não o é de forma alguma; e que considerá-lo como tal seria o pior dos atos. Mas Bukowski era um sábio: como todos os sábios, ele detestava a ordem, a polícia, a evidência, a regularidade, a regra, a norma, o bom gosto, o bom, o bem – e, sobretudo, esse verdadeiro em nome do qual se feriu tanto. O que ele via, a partir do assento onde estava instalado, não eram monstros cúpidos ou mulheres perdidas; o que ele via eram silhuetas tentando se manter eretas sob a chuva, quando tudo estava arranjado para que se curvassem. O tornar-se não evidente da evidência, mais do que uma questão de «verdadeiro», era uma questão de dignidade, visto que só ela pode apontar a verdade que o «verdadeiro» tenta aniquilar.[148] Dirigindo-se a seu hotel, Bukowski sabia que era isto que ele compartilhava com as putas de Hamburgo: o desejo de manter, por todos os meios possíveis, um pouco de dignidade em um mundo que não tinha mais dignidade alguma. Às vezes acontecia de ele duvidar – mas era nos momentos em que o mundo e sua polícia triunfavam. Esses momentos nunca duravam.

---

[148] Cf. Laurent de Sutter, *Théorie du trou. Cinq méditations métaphysiques sur «Une sale histoire» de Jean Eustache*. Paris: Léo Scheer, 2013, passim.

Agradecimentos

Véronique Bergen, Élisa Brune, Sarah Chiche, Emanuele Coccia, Gilles Collard, Fabien Danesi, Angie David, Clotilde Delcommune, Nicole Dewandre, Marguerite Ferry, Olivier Lamm, Emmanuelle Nobécourt, Maël Renouard, Rémy Russotto, Peggy Sastre, Léo Scheer, Jacques Serrano, Peter Szendy, Marie They, Sonia Vanderstappen, Erica Weitzman.

Nascido em 1977, Laurent De Sutter é filósofo e professor de teoria do direito em Bruxelas e e coordenador da coleção *Perspectives critiques* da histórica editora PUF de Paris.

/'lut.tfo.le/

1   Legacy Russell, *Feminismo glitch*
2   Émilie Notéris, *Alma material*
3   Carolin Emcke, *Sim é sim*
4   Laurent de Sutter, *Metafísica da puta*

Composto em Suisse Works e Suisse Int'l
Belo Horizonte, 2024